加圧防排煙設計マニュアル

【監修】国土交通省国土技術政策総合研究所

独立行政法人建築研究所

【編集】加圧防排煙設計マニュアル編集委員会

【企画】財団法人 日本建築センター

平成23年3月

発刊によせて

　特別避難階段の付室や非常用エレベーターの乗降ロビーに設ける排煙設備に係る規定の合理化を図るため、平成21年9月15日に、昭和44年建設省告示第1728号「特別避難階段の付室に設ける外気に向かって開くことができる窓及び排煙設備の構造方法を定める件」及び昭和45年建設省告示第1833号「非常用エレベーターの乗降ロビーに設ける外気に向かって開くことのできる窓及び排煙設備の構造方法を求める件」が改正され、同日、施行されました。この告示では、従来から認められてきた機械排煙設備等に加えて、遮煙すべき開口部における圧力を制御することで、火災室からの煙を竪穴空間へ侵入することを防止する煙制御方式、いわゆる加圧防排煙方式を定めています。加圧防排煙方式は、従来、建築基準法旧第38条に基づく大臣認定を受けなければ実現することができないものでしたが、火災後期まで煙制御の効果が期待できるなど、非常に優れた煙制御方式であることから、告示を改正して比較的容易に選択することが可能になりました。

　本書は、今回改正された2つの告示の技術的な内容を解説するだけでなく、代表的な平面計画に対応して、具体的に加圧防排煙方式の設計例、計算例を紹介したものです。加圧防排煙方式による煙制御を適切に設計する上で、技術資料として活用されることを期待しております。

平成23年3月

加圧防排煙設計マニュアル編集委員会
委員長　萩原一郎

監修の言葉

　建築基準法では、建築物の火災に対する安全性を確保するため、建築物の構造や内装を制限し、防火区画や排煙設備・非常用照明装置等の防災設備、避難階段等の設置等の規定を定めています。特に、排煙設備は、特殊建築物、大規模建築物等の避難安全上の大きな課題である煙対策の中心となるもので、これらの建築物の避難安全性能を確保するためには、排煙設備の適切な計画と十分な管理が極めて重要です。

　特に避難安全および消防活動上重要な場所となる、特別避難階段の付室と非常用エレベーターの乗降ロビーの排煙方式には、機械設備により排煙や給気を行うものと、外気に向かって開くことのできる窓を設けて排煙するものがあります。本書で解説する加圧防排煙方式とは、煙から守るべきこれらの室内に機械設備により強制的に給気し室内圧力を高めることによって、煙のある室との開口部から煙が侵入することを防止するものです。この方式は、従来、建築基準法第38条（平成12年に廃止）に基づく大臣認定によって超高層建築物を中心に導入され、実績を積み重ねてきました。

　平成21年9月15日に、昭和44年建設省告示第1728号「特別避難階段の付室に設ける外気に向かって開くことができる窓及び排煙設備の構造方法を定める件」及び昭和45年建設省告示第1833号「非常用エレベーターの乗降ロビーに設ける外気に向かって開くことのできる窓及び排煙設備の構造方法を求める件」が改正され、加圧防排煙方式が追加されました。また、同日、総務省令第88号「排煙設備に代えて用いることができる必要とされる防火安全性能を有する消防の用に供する設備等に関する省令」の交付により、加圧防排煙方式が、建築主事の確認および消防署長の同意により採用できるようになりました。

　しかし、この方式により火災時の煙を有効に制御するためには、その原理を十分理解した上で設計する必要があります。本書は、加圧防排煙の基本的な考え方や計画についてわかりやすく解説したものであり、加圧防排煙方式の実務のための手引き書として極めて有益なものであります。

　監修にあたりましては、第1章、第2章および第4章の法令解説に関わる部分を国土交通省国土技術政策総合研究所が、その他の技術的な部分を独立行政法人建築研究所が中心となって担当しました。

　本書が、建築物の計画、施工、管理等のさまざまな段階において建築技術者や行政関係者の方々に広く活用され、建築物の安全性の向上に役立つことを願います。

平成23年3月

国土交通省国土技術政策総合研究所
副所長　高井憲司

独立行政法人建築研究所
理事長　村上周三

本書の位置付け

　本マニュアルは、加圧防排煙設備の設計及び施工時にあたり、必要となる建築基準法令の規定及び推奨事項を記載したものである。建築主事等が建築基準関係規定への適合性を審査する際には、あくまでも法令の規定に従って審査を行われたい。

加圧防排煙設計マニュアル編集委員会

加圧防排煙設計マニュアル編集委員会名簿

(平成23年3月現在)(敬称略・順不同)

委員長　萩原　一郎（独立行政法人建築研究所防火研究グループ）

委　員　長岡　勉（社団法人建築業協会／
　　　　　　　　　株式会社竹中工務店技術研究所建築技術研究部環境・計画部門）

　　　　森山　修治（社団法人空気調和・衛生工学会／株式会社日建設計）

　　　　山田　茂（社団法人日本建築士会連合会／株式会社フジタ建設本部）

　　　　小山由紀夫（日本建築行政会議／千葉県県土整備部建築指導課）

協力委員　成瀬　友宏（国土交通省国土技術政策総合研究所建築研究部防火基準研究室）

　　　　仁井　大策（国土交通省国土技術政策総合研究所建築研究部防火基準研究室）

　　　　山名　俊男（国土交通省国土技術政策総合研究所建築研究部防火基準研究室）

加圧防排煙設計マニュアル

目　　　次

第1章　加圧防排煙方式の概要
1.1　煙制御の目的と方法 …………………………………………………………………… 3
　1.1.1　煙制御の目的 …………………………………………………………………… 3
　1.1.2　煙の性状 ………………………………………………………………………… 3
　1.1.3　煙制御の考え方 ………………………………………………………………… 4
　1.1.4　室により異なる要求性能 ……………………………………………………… 5
1.2　加圧防排煙方式の概要 ………………………………………………………………… 7
　1.2.1　加圧防排煙方式の原理 ………………………………………………………… 7
　1.2.2　加圧防排煙方式のメリットとデメリット …………………………………… 8
1.3　建築基準法における排煙設備 ………………………………………………………… 9
　1.3.1　排煙設備に関する規定 ………………………………………………………… 9
　1.3.2　加圧防排煙方式の取り扱い …………………………………………………… 9

第2章　加圧防排煙方式告示の解説
2.1　はじめに ………………………………………………………………………………… 15
2.2　用語の説明 ……………………………………………………………………………… 15
2.3　加圧防排煙方式における性能確認の考え方 ………………………………………… 16
　2.3.1　本告示による加圧防排煙方式とは …………………………………………… 16
　2.3.2　遮煙性能確保のための給気風量と遮煙開口部での排出風速 ……………… 17
　2.3.3　常温時における設計と性能確認 ……………………………………………… 17
　2.3.4　常温時における遮煙開口部の有効開口面積と必要圧力差 ………………… 18
2.4　主な規定の解説 ………………………………………………………………………… 20
　2.4.1　給気口、給気風道、送風機の構造 …………………………………………… 20
　2.4.2　空気逃し口の構造 ……………………………………………………………… 21
　2.4.3　遮煙開口部の遮煙条件 ………………………………………………………… 27
　2.4.4　遮煙開口部の開放障害防止 …………………………………………………… 32
　2.4.5　電源及び作動監視 ……………………………………………………………… 36

第3章　加圧防排煙方式の設計例
3.1　加圧防排煙方式の設計法 ……………………………………………………………… 39
　3.1.1　エリアと防火区画の設定 ……………………………………………………… 40
　3.1.2　排出風量の設定 ………………………………………………………………… 41
　3.1.3　給気風量の算定 ………………………………………………………………… 41
　3.1.4　空気逃し口の設計 ……………………………………………………………… 42
　3.1.5　圧力調整装置の設計 …………………………………………………………… 48

3.1.6　空気逃し口に関する設計時の留意点 ……………………………… 49
    3.1.7　その他の設計上の留意点 ……………………………………………… 54
  3.2　ケーススタディ ……………………………………………………………… 57
    3.2.1　センターコア・片コア型1 …………………………………………… 59
    【一般室が大部屋で隣接室が防火区画されており、一般室に空気逃し口（機械）がある場合】
    3.2.2　センターコア・片コア型2 …………………………………………… 64
    【一般室が多数の小部屋で隣接室が不燃区画されており、一般室に空気逃し口（自然）がある場合】
    3.2.3　分散コア型1 ………………………………………………………… 67
    【付室が火災室に接し、複数の付室及び空気逃し口がある場合】
    3.2.4　分散コア型2 ………………………………………………………… 72
    【防火区画された廊下、複数の付室及び空気逃し口がある場合】
    3.2.5　中間コア型1 ………………………………………………………… 77
    【一般室が多数の小部屋で隣接室が防火区画されており、隣接室に空気逃し口（機械＋自然）がある場合】
    3.2.6　中間コア型2 ………………………………………………………… 80
    【一般室が多数の小部屋で隣接室が防火区画されており、一般室に空気逃し口（自然）がある場合】

第4章　加圧防排煙方式に関するQ&A ………………………………………………… 83

参考資料1　火災時の室温と廊下温度 ……………………………………………… 99

参考資料2　加圧防排煙に係わる法令等 …………………………………………… 105

参考資料3　チェックリスト ………………………………………………………… 147

本書においては、以下のとおり、略語を規定します。
「法」　　　　……建築基準法（昭和25年法律第201号）
「令」　　　　……建築基準法施行令（昭和25年政令第338号）
「建告」　　　……建設省告示
「国交告」　　……国土交通省告示

第1章　加圧防排煙方式の概要

1.1 煙制御の目的と方法

　本マニュアルは加圧防排煙方式による排煙設備設計のためのものであるが、加圧防排煙方式を含めた煙制御全般の目的及び方法を理解しておくことが、よりよい設計に繋がるものと考えられる。以下に、煙制御の考え方の基本を示す。

1.1.1 煙制御の目的

　火災時に発生する煙には、多量の有害物質のほかにススなども含まれる。煙や熱は、在館者の避難及び消防活動を阻害する大きな要因となる。

　火災による死者数のうち、煙に含まれる一酸化炭素等による中毒死・窒息死者数は、焼死者数と、ほぼ同程度の割合を占めている。このことからも、煙の制御が重要であることが分かる。

　在館者の避難や消防隊の活動に支障を来たさないことを目的として煙制御が行われる。より具体的には、

①　建物内にいる人が外部まで避難する間、煙による害を受けないように、主に居室、廊下、階段を煙から守ること

②　消防活動に支障を来たさないように、特別避難階段付室及び非常用エレベーター乗降ロビー（以下、付室等）、階段等を長時間、煙から守ること

である。

1.1.2 煙の性状

　物質が燃焼するとススス、水、二酸化炭素、一酸化炭素等が生成され、周りの空気（主成分は窒素と酸素）を巻き込みながら上昇して行く。この巻き込んだ空気を含めた全体を「煙」という。

　煙は建物内を拡散・伝播して行くが、一般に温度が高いので、上昇する力が大きい。階段、エスカレーター、エレベーターシャフト等の竪穴を介して、出火場所から離れた階に伝播して大きな被害をもたらした火災事例も多い。なお、水平方向の移動速度は通常0.5（m/s）程度だが、上昇時にはその５〜10倍程度になることもある。

　火源から立ち上がる煙の量は、概ね発熱速度（単位時間当たりの発熱量）の３分の１乗、火源からの高さの３分の５乗に比例する。図1.1-1に示すように、天井が高いと煙の量は多くなる。天井の高さが２倍になると煙の量は約３倍、高さが３倍だと量は約６倍になることになる。

図1.1-1　上昇する煙

1.1.3　煙制御の考え方

　火災時に煙の発生を抑えるためには、内装を不燃化するか、自動消火設備を設置する等、燃焼を拡大させないことが重要である。しかし、それらは万全ではないため、発生した煙を制御するための対策を講じる必要がある。以下にその煙制御の考え方を述べる。

(1)　区画化：一定の空間内に煙を閉じ込める、煙を拡散させない

　防煙区画は煙の拡散防止を図るための対策であると同時に、排煙や遮煙を考える上での単位空間であり、煙制御設計の基礎となるものである。一般に防煙区画と呼ばれるものの中でもその仕様や性能に応じて次のように分類される。

① 垂れ壁による区画

　天井から下方に突出した垂れ壁を設けることで、火災初期の煙拡散を防止できる。また、ある程度の厚さの煙をためおくことで排煙の効率を上げることができる。

② 壁及び扉による区画

　天井から床までの壁及び扉で、出火した空間に煙を閉じ込める方法である。100（m^2）程度以下の室で採用される場合には、密閉空間にすることで酸素が減少して鎮火に至ることも期待できる。

　垂れ壁による防煙区画では、煙の量が増えれば区画を越えていくことになるので、天井から床までの防煙区画の方が煙の拡散防止効果が高いのは明らかである。

③ 竪穴の区画

　高温の煙は浮力を持ち、また、暖房期には一般的に、建物全体に煙突効果による気流が生じているため、階段、エスカレーター、エレベーターシャフト等の竪穴に煙が入ってしまうと、全館、特に上層階に煙が拡散し、避難に著しく障害が生じる。耐火構造の壁、遮煙性能を有する防火設備等で、確実に竪穴を区画することが極めて重要である。

　以上の防煙区画に加え、以降に述べる各方式を組み合わせることで、より効果的な煙制御を行うことができる。

(2)　排煙方式：煙を排出する（図1.1-2）

　煙の拡散・降下を防止するために、発生した煙を外部に放出する排煙方式は次のように分類される。

① 自然排煙

　壁の高い位置又は天井に、外部に開放される開口を設けて、そこから煙のもつ浮力を利用して煙を排出する排煙方式である。給気経路がないと効果的に煙を排出できない。また、外部から風が吹き込むと煙が攪拌されるので、高層階に採用する場合は注意が必要である。

② スモークタワー

　高層建物の階段室に隣接して煙の流路として竪穴を設ける方式で、煙突効果を利用した排煙方式である。室内外温度・外気の風向きにより排煙能力が変動するが、煙突効果による有効な

排煙が期待できる。排煙機が不要であるため、煙温度が上がっても機能させることができるが、大きなシャフト断面が必要であり、空間占有の面では不利となる。

③ 機械排煙

排煙ファンを動かし、排煙ダクトを介して、煙を建物外に排出する排煙方式である。当然のことながら、排煙と同じ量の給気がないと、煙は排出されない。

④ 押出し排煙（第2種排煙）

平12建告第1437号に定められている排煙方式である。自然排煙と同様に、外部に開放される開口を設け、給気を機械で行う。自然排煙に比べ開口面積を小さくすることができる。

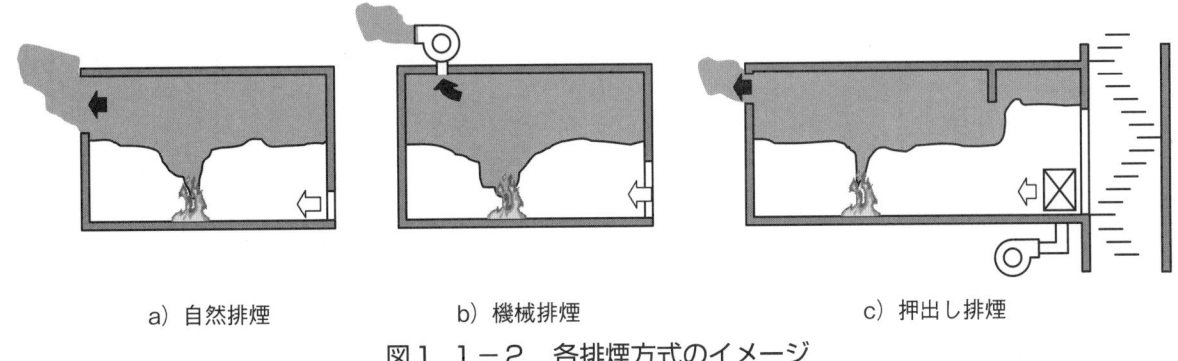

a) 自然排煙　　　b) 機械排煙　　　c) 押出し排煙

図1.1-2　各排煙方式のイメージ

(3) 遮煙方式：煙を侵入させない

煙の拡散を防止するため、扉などの開口に対して何らかの措置を施す方式である。遮煙方式には、単に開口部に気密性の高い部材を用いるパッシブな方法もあれば、機械力により煙から保護したい空間に給気し、開口部に圧力差をつけて煙が侵入しないようにするアクティブな方法もある。後者は加圧防排煙方式（あるいは加圧防煙方式）と呼ばれ、例えば階段の付室に外気をファンで給気し、付室＞廊下＞居室のように圧力差をつける。このような「付室加圧」が国内では最も一般的であるが、階段室に加圧する「階段加圧」等も見受けられる。

本マニュアルが扱うのは、付室等における加圧防排煙方式である。この後、詳細に解説する。

(4) その他の方式

天井高が大きい大空間で天井近くに煙をためて煙層が降下してこないうちに避難できるようにする蓄煙方式や、アトリウムのような大空間や段差のある劇場の後方客席で煙濃度が薄いうちに避難できればよいと考える希釈方式などがある。

1.1.4　室により異なる要求性能

火災時に、居室から廊下、階段等を経由して避難する際に、煙による支障が起きないようにしなければならないが、空間によって許容できる煙の状態、時間が異なる。例えば、火災が発生した室では煙の広がりは早いが、避難も早期に行われることが期待できる。一方、廊下は出火後、煙がすぐに伝播してくることはないが、多くの室から避難者が集まり滞留する可能性があるため、ある程度長い時間、煙から守らなくてはならない。さらに、階段は他の階からの避難者も集

中し超高層の建物では避難に1時間以上を要することも多いので、十分に長い時間、煙を入れてはならない。

階段は、煙が侵入すると、出火していない階への煙伝播経路となる。避難終了後でも消防隊が使用することもあり、強固に守るべき極めて重要な空間である。また、付室等も、在館者の避難、消防隊による救助、消火活動等の際に使用される極めて重要な場所で、火災初期から鎮火に至るまで、煙が侵入しないようにしなければならない。このように、避難計画や消防活動計画と整合のとれた煙制御計画を行う必要がある。

加圧防排煙方式は竪穴空間への煙の侵入を防止することが主目的である。その上で、図1.1-3に示すように、火災初期では火災室－廊下間の開口で、火災盛期では廊下－付室等間の開口で遮煙を計画することもでき、火災フェイズに応じた煙制御が期待できる排煙方式といえる。

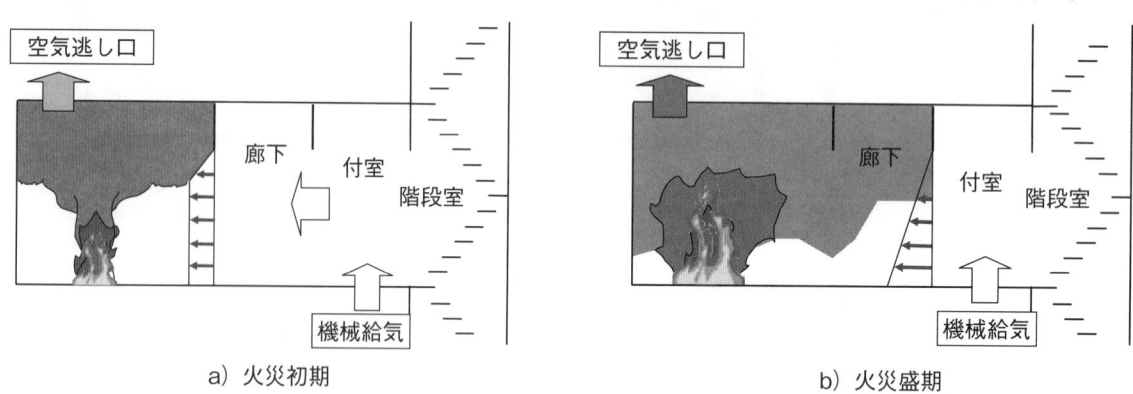

図1.1-3　火災性状と加圧防排煙のイメージ

各室空間における避難安全性能を確保するための排煙や加圧防排煙等の煙制御方式に求められる容量のオーダーを把握することができれば設計に役立つ。

仕様規定では防煙区画は最大500（m²）、床面積当たりの排煙量は1（m³/m²/min）が要求され、機械排煙方式の風量の総量としては500（m³/min）＝30,000（m³/h）となる。出火室において、人の背の高さを考慮して床上2（m）程度より煙が下がって来ないことを一つの指標とすると、排煙風量と煙発生量が釣り合う火災は発熱速度が9（MW）程度の火災（3人掛けソファ3個、あるいは普通乗用車2～3台が同時に燃焼している火災）である[注]。なお、煙の温度は280（℃）と仮定している。

一方、加圧防排煙方式では、煙の侵入を防止すべき開口部の寸法を高さ2.1（m）×幅0.4（m）とし、本告示で要求される値を例にとると、$2.7\sqrt{2.1}≒4$、$3.8\sqrt{2.1}≒5.5$なので、必要排出風速が4（m/s）であれば約8,000（m³/h）、5.5（m/s）であれば約11,000（m³/h）の開口の排出風量が必要となる。給気ファンの容量はこの開口の排出風量に加え、他の開口及び隙間から流出する風量を加味して決定する。

【排煙】
　500（m²）程度の室に設置されている排煙ファンで制御できるのは3人掛ソファ3個が同時に燃焼している程度の火災における煙発生量である。

【遮煙】
　高さ2.1（m）×幅0.4（m）の開口部に流れる風量は
　◇必要排出風速が4（m/s）で約8,000（m³/h）
　　付室等が防火区画された廊下に接する場合の告示で求められる排出風量
　◇必要排出風速が5.5（m/s）で約11,000（m³/h）
　　付室等が居室に接する場合の告示で求められる排出風量である。

注）機械排煙方式では、排煙口の風速が大きい場合には煙層直下の空気を吸い込むことになり、排煙効率が低下する。そのため、想定した排煙風量と同量の煙を排出できない場合もあることに注意すべきである。

1.2 加圧防排煙方式の概要

1.2.1 加圧防排煙方式の原理

　加圧防排煙方式は遮煙を達成すべき開口部（以下、遮煙開口部という）での圧力を制御することで特定の空間への煙の侵入を防止する煙制御方式である。

　一般に、火災初期の煙はその浮力により空間上部に溜まり、空間内の温度は天井に近づくほど高くなる。温度が異なる二つの空間が垂直な開口部を通じて接する場合、気体間の密度差に起因して圧力差が生じる。この圧力差に応じて、圧力の高いところから低いところへ開口を通じて煙や空気の流れが生じる。図1.2－1に開口部での一般的な圧力分布と圧力分布に応じて形成される気体の流れのパターンを示す。圧力差が0になる水平面のことを中性帯と呼び、中性帯高さと開口の上下端との位置関係で流れのパターンが変化する。中性帯が開口上端よりも下方に形成される場合、開口部において、図1.2－1a）に示すような双方向の流れが生じる。一方、図1.2－1b）に示すように、中性帯が開口上端よりも高ければ、高温の気体が開口を通じて右側の守るべき空間へ流入することはない。加圧防排煙方式は機械給気により低温側の空間内圧力を上昇させ、遮煙をするものである。中性帯が開口上端と同じ高さにある場合、遮煙が達成され、かつ、開口の排出風量が最小となる。この状態を遮煙限界と呼ぶ。開口部において遮煙に必要な圧力差をつけるためには、給気空間から隣接空間を経由して外気までの流れの経路を明確にし、各空間に適切な開口部や排煙設備を設けなければならない。

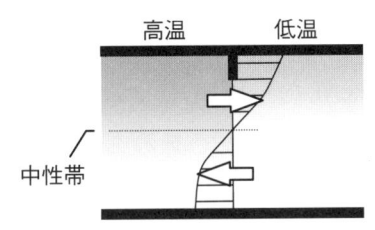 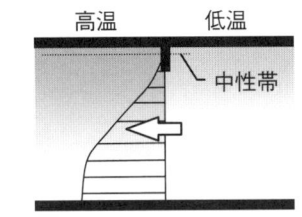

a) 一般的な開口部での流れ　　　　b) 遮煙達成時の流れ

図1.2－1　圧力分布と流れのパターン

　遮煙限界時の開口での排出風量は、開口部の圧力分布から求めることができる。今回改正された昭44建告第1728号及び昭45建告第1833号では遮煙開口部を挟んだ2つの空間それぞれにおいて、温度等の物理的性状は均一であるとして取り扱っている。

　扉のように開口下端が床面レベルにある場合、隣接空間の煙の密度をρ_s（kg/m³）、給気空間の空気の密度をρ_a（kg/m³）とすると、遮煙限界の状態における床面からの高さzでの圧力差$\Delta p(z)$は

$$\Delta p(z) = \Delta p_{0,cr} - (\rho_a - \rho_s)gz \qquad 式（1.2-1）$$

となる。ここで、$\Delta p_{0,cr}$は遮煙限界における隣接空間と給気空間との床面レベルでの圧力差（Pa）であり、開口上端高さをH_D（m）とすると、

$$\Delta p_{0,cr} = (\rho_a - \rho_s)gH_D \tag{1.2-2}$$

と表すことができる。このときの遮煙開口部での風速分布 $v(z)$ (m/s) は

$$v(z) = \sqrt{\frac{2}{\rho_a}\Delta p(z)} \tag{1.2-3}$$

で表される。したがって、遮煙限界における遮煙開口部での質量流量 m (kg/s) は、開口幅を B (m)、流量係数を α (-) とすると、

$$m = \alpha B \rho_a \int_0^{H_D} v(z)dz = \frac{2}{3}\alpha B \sqrt{2\rho_a g(\rho_a - \rho_s)}H_D^{\frac{3}{2}} \tag{1.2-4}$$

となる。

　今回改正された昭44建告第1728号及び昭45建告第1833号に示される遮煙開口部に要求される排出風速は以上の考え方をもとに決められている。

1.2.2　加圧防排煙方式のメリットとデメリット

(1)　加圧防排煙方式のメリット

　階段室やエレベーターシャフトのような竪穴に煙が侵入すると煙突効果により建物全体へ煙が拡散する懸念がある。このような空間では、機械排煙等により侵入した煙を処理することよりも煙の侵入そのものを防ぐことの方が合理的である。

　機械排煙が高温の煙を排出するのに対して、加圧防排煙方式では煙から保護したい空間に常温の空気を送り込むので、給気ファンが熱により停止することがなく、開口部で遮煙に必要な圧力差が保たれていれば、長時間の煙制御（遮煙）が可能となる。給気した空間は煙に汚染されないため、避難経路や消防隊の進入経路、消防活動拠点を煙から保護することができる。

　また、ダンパーの制御等が容易であり比較的単純なシステムであること、給気ダクトを耐火仕様とする必要がなく、空間占有の点で優れていることなどの設計上のメリットも大きい。

(2)　加圧防排煙方式のデメリット

①　煙の押し込み

　加圧給気により送り込まれた空気は付室等だけでなく、廊下や火災室の圧力も相対的に高めるため、他の空間へ煙を押し込むことが懸念される。したがって、建物内の気流の経路を考慮した設計が求められる。対応策として、改正された昭44建告第1728号及び昭45建告第1833号では空気逃し口や高温にも対応可能な排煙システムを、居室や廊下に設けることにより過度の圧力上昇を防ぐことを要求しているが、これと併せて煙の侵入を防止すべき空間に庶煙性の高い扉を設ける等の十分な煙侵入防止措置を施すことが望ましい。

②　扉の開閉障害

　給気される室の扉が閉じられた場合には、上昇した圧力のため扉を押し開けるのに大きな開放力を要する。改正された昭44建告第1728号及び昭45建告第1833号は圧力調整装置の設置を求めているが、在館者特性に応じた適切な扉の開放力となるように調整することが望ましい。ま

た、給気された空気が隣接する廊下等の煙層を乱さないように、圧力調整装置の位置には注意を要する。

③ 火勢の助長

火災室に新鮮空気を供給することで火勢を助長するので、給気風量を適正に設定する必要がある。また、火災室に空気が押し込まれると、窓などの開口部から火炎が噴出してしまうことが経験的に明らかにされている。空気逃し口としての開口を設けるのであれば、隣接する建物との位置関係に配慮が必要である。

1.3 建築基準法における排煙設備

1.3.1 排煙設備に関する規定

建築基準法における排煙設備の規定は、条文上、居室等における規定と、付室等における規定の2種類に大別できる。構成の概要は以下の通りである。

表1.3-1 排煙設備の構成の概要

		根 拠 条 文	構 造 方 法
居室等	特殊建築物（500m²超）	令第126条の2 第1項	・自然排煙口 床面積の50分の1 ・以下の①及び②を満たす機械排煙 　①120m³/min以上 　②単位床面積当たり1m³/min以上 ・押出し排煙
	階数3以上・500m²超の建築物		
	排煙上の無窓居室		
	1000m²超の建築物の200m²超の居室		
付室等	特別避難階段の付室	令第123条 第3項第一号	・スモークタワー ・4m³/s（=240m³/min）以上の機械排煙 ・押出し排煙 ・加圧防排煙
	非常用EVの乗降ロビー	令第129条の13の3 第3項第二号	・スモークタワー ・4m³/s（=240m³/min）以上の機械排煙 ・押出し排煙 ・加圧防排煙

1.3.2 加圧防排煙方式の取り扱い

(1) 告示改正前の付室等における排煙設備

付室等は、避難上及び消防活動上重要な区画であるため、火災時においては区画内部への煙の侵入を適切に防ぐ必要がある。建築基準法令に基づく従前の技術基準では、昭44建告第1728号及び昭45建告第1833号において付室等における排煙窓及び排煙設備に係る技術的基準、排煙設備の具体的な方式として「自然排煙方式」、「機械排煙方式」及び「押出し排煙方式」を規定していた。そのため、仕様規定では、これらの排煙設備しか採用できなかった。

第1章 加圧防排煙方式の概要

　加圧防排煙方式は、法に定められる排煙方式ではなかったものの、火災後期まで効果を発揮すること、大きな断面を有する自然給気風道が不要である、などの利点があることから、法旧第38条に基づく大臣認定を受けることで、数多くの実績があった。

　しかし、平成12年に性能規定が導入され、いわゆるルートＢ（避難安全検証法：平12建告第1441号及び第1442号）及びルートＣ（高度な検証方法）による避難安全性能の適合判定ルート（ルートＢ、ルートＣに対し、従来の仕様規定をルートＡと呼ぶ。）が規定された。ルートＢ及びルートＣにより避難安全性能が検証されれば、避難関係規定施設の排煙設備などの適用が除外され、今回の告示改正前においても加圧防排煙方式が計画できた。しかし、ルートＢには加圧防排煙方式の検証式が組み込まれていないため、ルートＢでは加圧防排煙方式は避難安全性能を向上させる設備として評価されてこなかった。さらにルートＣでも、消防活動に関する施設については性能規定化がなされていないため、避難安全性能検証による適用除外はできず、消防活動の拠点となる非常用エレベーター乗降ロビー（兼特別避難階段の付室）ではルートＣの適用が不可とされ、排煙設備は仕様規定（改正前昭45建告第1833号）で示されている方式しか採用できなかった。なお、平成12年の改正で旧法38条の規定が廃止されている。

　また、同年（平成12年）に押出し排煙方式が、特殊な構造の排煙として平12建告第1437号で規定されている。

(2) 加圧防排煙方式の告示化

　今般昭44建告第1728号及び昭45建告第1833号が改正され、平成21年9月15日に公布・施行された。この改正で、加圧防排煙方式が付室等の新たな排煙設備の方式として追加された。

　この改正は図1.3－1に示すように、現状の性能検証の枠組みは変えずに、加圧防排煙方式の使用対象空間として想定される付室等の排煙設備の仕様規定（昭44建告第1728号及び昭45建告第1833号）の中に、新たに加圧防排煙方式の仕様規定が追加されたものである。本改正に伴って、条文の構成上、付室/乗降ロビーの排煙設備の規定を整理し、両告示の第2第一号において自然排煙（スモークタワー）、同第二号において機械排煙、同第三号において押出し排煙（平12建告第1437号）、同第四号において加圧防排煙をそれぞれ定めている。したがって改正された告示の方式であれば、これまで計画が不可能であった非常用エレベーター乗降ロビーでも計画することが可能となった。

　さらに同日付けで消防法も平成21年総務省令第88号「排煙設備に代えて用いることができる必要とされる防火安全性能を有する消防の用に供する設備等に関する省令」に基づく平成21年消防庁告示第16号「加圧防排煙設備の設置及び維持に関する技術上の基準」が出された。これらにより、加圧防排煙方式の採用への法的対応が整備されたことになった。国交告は付室等を対象としているのに対して、消防庁告示は建物の階全体の排煙設備に関する規定である。このため、国交告、消防庁告示に示されている内容が異なる規定に対しては、どちらにも適合する必要があり、より厳しい条件となる規定に準じて設計しなければならない。

1.3 建築基準法における排煙設備

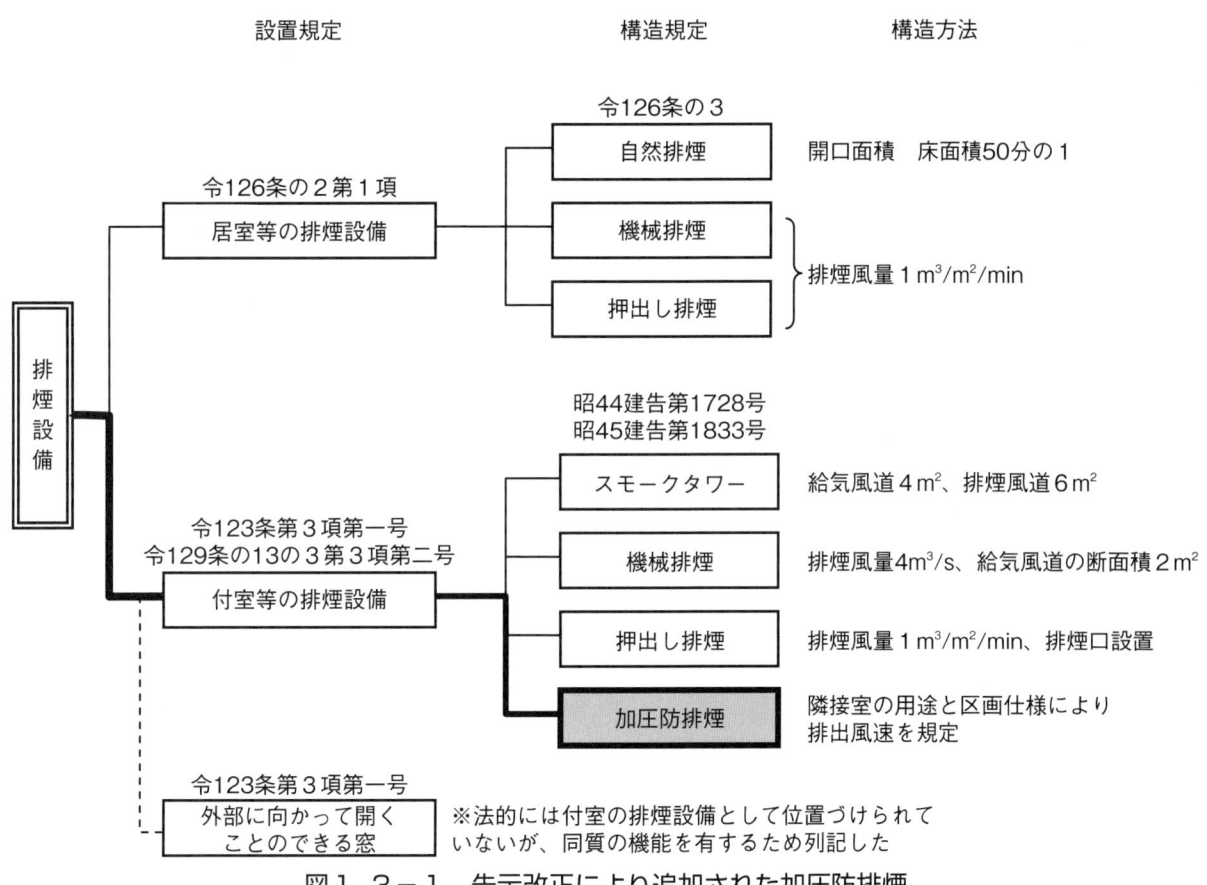

図1.3-1 告示改正により追加された加圧防排煙

表1.3-2に当該室及び適合判定ルートによって適用できる排煙設備の方式を示す。なお、従来と同様に、非常用エレベーター乗降ロビーに計画できる加圧防排煙方式は告示の仕様内容のものに限られる。

表1.3-2 適合判定ルートで使用できる排煙設備の内容

	居室等	特別避難階段の付室	非常用EV乗降ロビー
ルートA（仕様規定）	令第126条の3に示す排煙設備	昭44建告第1728号に示す排煙設備[注1]	昭45建告第1833号に示す排煙設備[注1]
ルートB（検証法）	避難安全検証法により安全性が検証された排煙設備（加圧防排煙方式は検証法では評価されない）		
ルートC（大臣認定）	高度な検証方法により安全性が検証された様々な煙制御方式（加圧防排煙方式を含む）		

注1）昭44建告第1728号及び昭45建告第1833号に、平12建告第1437号による方法も採用できることが規定されている。

(3) 加圧防排煙方式による排煙の考え方

従来の付室等における排煙設備では図1.3-2a）に示す機械排煙方式のように、付室等に侵入した煙を外部に排出するのに対して、今回の改正で告示に追加された加圧防排煙方式の排煙設備は、付室等への煙の侵入自体を防止するものである。居室や廊下において空気逃し口（あるいは開口）を通じて煙又は空気を排出することで遮煙開口部での圧力差を確保する（図1.3-2b））。改正された告示では、当該室における加圧防排煙方式の排煙性能を評価するための指標として、特定の開口部を通過する空気の排出風速及び排出風量を用いることとしている。また、

第1章 加圧防排煙方式の概要

火災室や廊下の圧力を必要以上に高めないように空気逃し口の設置と火災時でも脱落・損傷しない排煙風道が要求されている。

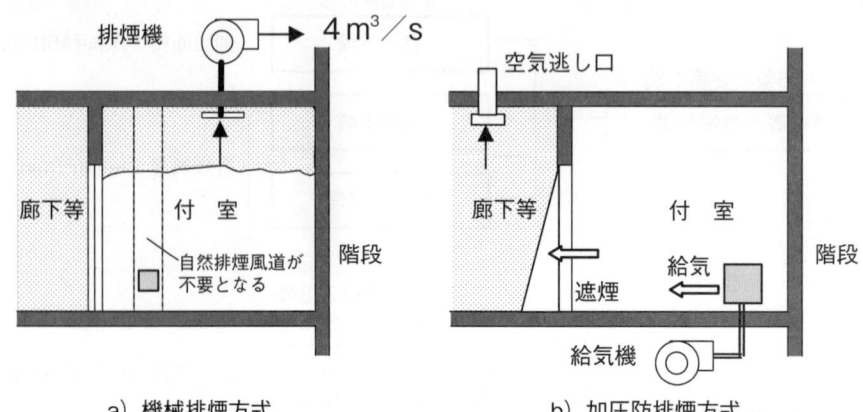

図1.3-2 付室等における機械排煙方式と加圧防排煙方式の違い

第2章　加圧防排煙方式告示の解説

2.1 はじめに

　平成21年9月15日に、「特別避難階段の付室に設ける外気に向かつて開くことのできる窓及び排煙設備の構造方法を定める件／昭44建告第1728号」及び「非常用エレベーターの乗降ロビーに設ける外気に向かつて開くことのできる窓及び排煙設備の構造方法を定める件／昭45建告第1833号」が改正され、新たな排煙設備の方式として、加圧防排煙方式が追加された。

　本章では、昭44建告第1728号及び昭45建告第1833号のそれぞれに新たに加えられた、加圧防排煙方式における基準の考え方を紹介するとともに、上記告示の内容について解説する。

　なお、新たに告示に追加された加圧防排煙方式の仕様は、特別避難階段の付室に設ける場合と非常用エレベーター乗降ロビーに設ける場合とで違いはない。このため、本解説の内容は、昭44建告第1728号及び昭45建告第1833号の両告示に共通のものとなっている。（以下、両告示を「本告示」という。）

2.2 用語の説明

　本項では、建築基準法令において一般的に使用されている排煙設備関係の用語に加えて、本告示において定義している用語について説明する（図2.2-1に用語の説明図を示す。）。

- 送　風　機：給気室への給気を行うために、給気風道に接続し、外気を供給するための設備。
- 給　気　口：当該給気室内の圧力を高め、遮煙開口部での排出風速を確保するために、当該給気室に面して設けられた給気風道に直結した開口。
- 給気風道：給気室への給気を行うために、送風機の吹き出し口から、給気室に設けられた給気口までを接続する風道部分。
- 隣　接　室：付室と連絡する室のうち階段室以外の室。
- 一　般　室：隣接室と連絡する室のうち付室以外の室。
- 空気逃し口：付室から遮煙開口部を経由して隣接室に向っての気流を形成することと、隣接室の圧力が過度に上昇することを防止するため、隣接室から外気へ空気を逃すために設ける開口で、直接外気に接するか又は、風道によって外気に導く以外に機械排煙の排煙風道に接続することができるもの。
- 排煙風道：煙を建物外部に排出するため室内に接する排煙口と、排煙機とを接続する風道部分、又は空気逃し口と外気とを接続する風道部分。
- 遮煙開口部：特別避難階段の付室又は非常用エレベーター乗降ロビーと連絡する室のうち、階段室以外の室と連絡する開口部で、煙の侵入防止を図ることが必要な開口部。
- 圧力調整装置：給気室の圧力上昇を調整するための装置。遮煙開口部の扉を閉鎖すると給気室内の圧力が上昇するため、隣接室との圧力差が増大しないように、ガラリや圧力調整ダンパーなどを利用して空気を逃し、遮煙開口部の扉の開放障害を生じることを防ぐ装置。
- 排出風速：遮煙開口部を経由して、付室等から隣接室に向って流れる気流の速度。

第2章　加圧防排煙方式告示の解説

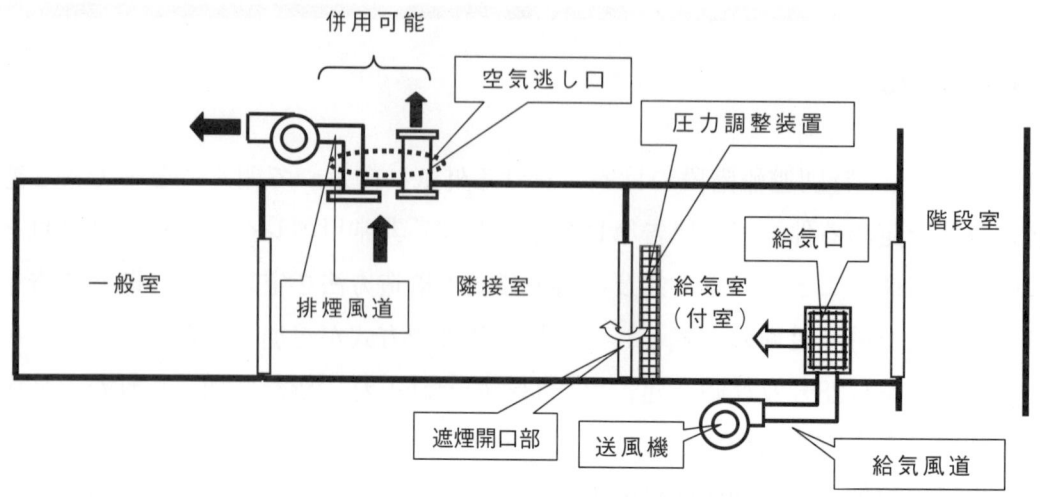

図2.2-1　加圧防排煙設備用語の説明

2.3　加圧防排煙方式における性能確認の考え方

2.3.1　本告示による加圧防排煙方式とは

　本告示よる加圧防排煙方式は、特別避難階段の付室又は非常用エレベーター乗降ロビーの避難安全の確保又は消防活動を支援するため、当該室への煙の侵入を防止するために設けられるものである。その原理は図2.3-1に示すように、送風機によって空気を、給気風道を経由して当該室に設けられた給気口より吹き出すことにより、当該室の室内空間を加圧し、これと同時に隣接室に設けられた空気逃し口を開放することによって、当該室と隣接室との間にある開口部（遮煙開口部）に、隣接室に向かって気流を生じさせる。この気流によって、火災室又は煙汚染室となる可能性のある隣接室からの、煙侵入の防止を図ろうとするものである。なお、遮煙開口部の扉の開放状態により当該室の圧力変動が生じる。扉の開放が大きくなる程、圧力低下が起こり、隣接室からの煙侵入の危険性が増すことから、想定する扉の開放が大きくなる程、遮煙に必要な風量が増大することになる。また逆に扉が閉鎖されると圧力が増大し、扉の開放が困難になることが予測される。したがって、扉の閉鎖時には、開放が困難にならないように、圧力調整装置などによる対策が必要となる。しかし、給気風量が増大すると、これに対応できる圧力調整装置の計画が困難となることから、遮煙開口部の想定すべき扉の開放力は、圧力調整装置の調整範囲内に収める必要がある。このようなことから、遮煙開口部の扉は幅60（cm）まで開放しても遮煙できるものとしている。なお、本告示では、後述するように、基準を常温状態に置き換えた形で表記しているため、開放幅を火災時の60（cm）から40（cm）に縮小したものとなっている（式2.3-3を参照）。さらに扉の閉鎖時には開放が困難にならないように、圧力調整装置などによる対策が施されている。

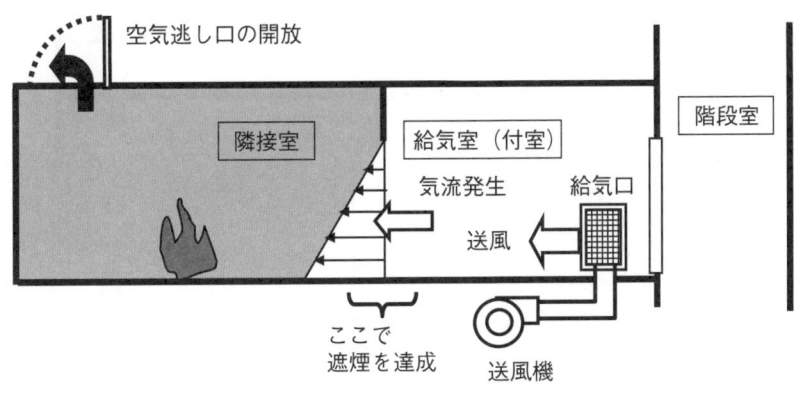

図2.3-1　加圧防排煙方式の原理

2.3.2　遮煙性能確保のための給気風量と遮煙開口部での排出風速

　当該室における遮煙性能を確保するための指標としては、送風機による当該室への給気風量を用いることもある。しかし、この給気風量には遮煙の必要がない開口部の隙間から流出する漏れ量も含まれ、その漏れ量は建物によって様々であり、予めその量を規定することは困難である。

　加圧防排煙方式の本来の目的は、煙が侵入するおそれのある開口部において、侵入防止のための圧力差を形成することによって達成される。言い換えれば、遮煙が必要となる開口部（遮煙開口部）のみにおいて、必要圧力差が得られれば良いこととなり、この場合、当該室における遮煙性能を評価するための指標として、特定の開口部を通過する空気の排出風速を用いることができる。そのため、本告示では給気風量ではなく遮煙開口部の風速を規定している。

2.3.3　常温時における設計と性能確認

　加圧防排煙方式は、火災時での温熱環境条件において、必要な性能を確保しなければならないことから、設計も想定火災条件を基にして、遮煙開口部での排出風速を確保できるような必要給気風量を計画することになる。本告示で想定している火災条件と必要性能は、図2.3-2に示すように遮煙開口部の扉を幅60（cm）開放した状態（消防隊が扉の設置位置において、隣接室の火災状況を見渡せる程度の幅）において、隣接室の用途や区画性能に応じた火災時の温度条件下で、付室等の給気室への煙侵入を防止することと、付室等からの気流による過剰な圧力上昇によって、隣接室又は、一般室から他区画への煙拡大を生じないように、室内外差圧を19.6（Pa）以内（理想は圧力上昇の無い方が良いが、過大な空気逃し口面積が必要になることから、圧力の上限値を防火防煙シャッターの遮煙性能基準（昭48建告第2564号）で用いられている圧力差とした）に抑えられる空気逃し口等の設置を求めている。しかし、計画された設備の保有性能を、実際の火災時での温熱環境条件を形成して性能確認することは現実的でない。このため、図2.3-3のように規定で示された開口条件などの設定値や必要性能値は、火災時の温熱環境条件で形成すべき必要な圧力配置が可能となるように、常温状態での値に置き換えられたものとなっている。

　このため、計画時での給気風量の設計及び現場での性能確認は、規定の値をそのまま用いれば良い。

第2章　加圧防排煙方式告示の解説

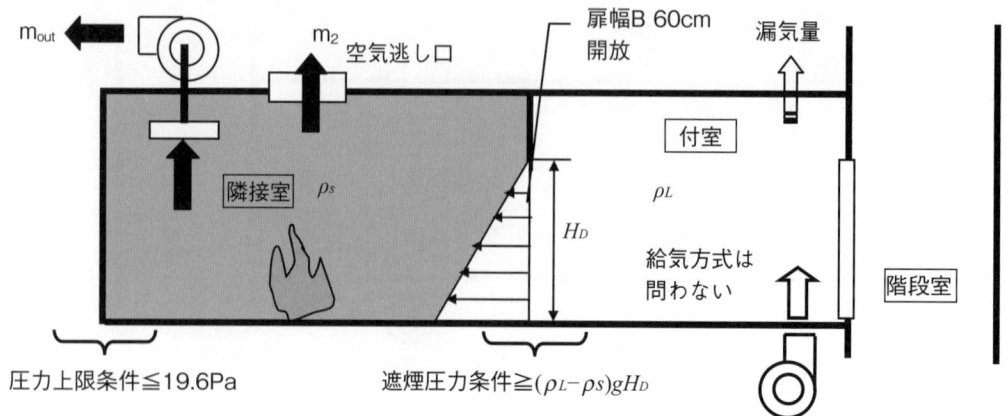

図2.3-2　想定した火災時における遮煙条件

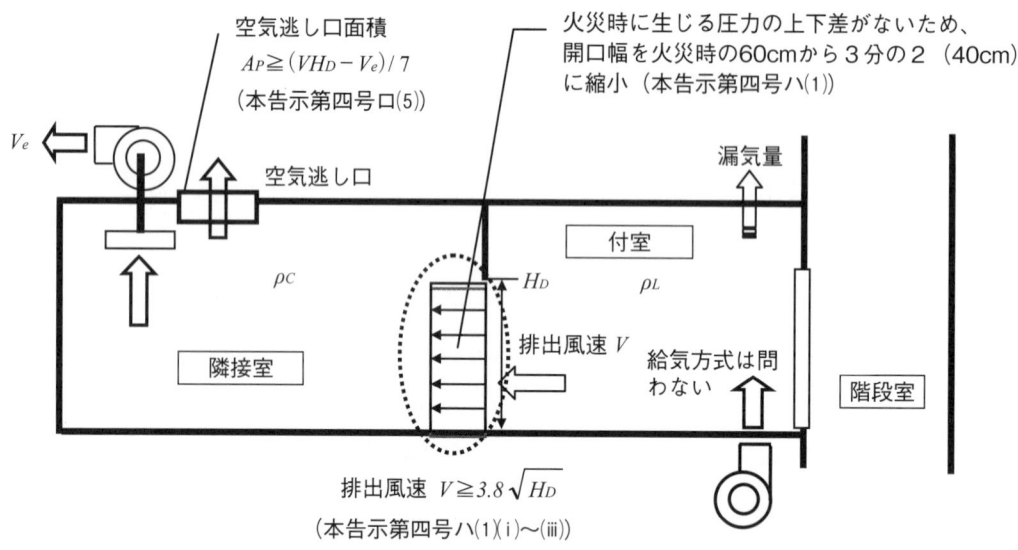

図2.3-3　常温状態における開口条件と排出風速

2.3.4　常温時における遮煙開口部の有効開口面積と必要圧力差

　本告示は前節で述べたように、火災時に遮煙開口部の扉の開放幅を60（cm）にして煙の侵入を防止するようにしているが、この火災時の想定条件と同一の圧力配置などを、常温条件下においても形成できるように規定したものである。

　火災時と常温時とで大きく異なることは、空間の温度差であり、この温度差が遮煙開口部での圧力差を形成することになる。したがって、常温時での性能確認では、遮煙開口部でこの圧力差に見合う開口抵抗を与えておくことが必要となる。このため本告示においては、遮煙開口部の扉の開放幅を火災時の60（cm）から40（cm）に縮小したものとしている。

　以下に、遮煙時の遮煙開口部での排出風量Q_1を基にして、常温時で同じ圧力差の下で同じ排出風量を確保するためには、遮煙開口部の「見掛けの有効開口面積」が、火災時の3分の2（幅60（cm）から幅40（cm）に縮小）になることを示す。

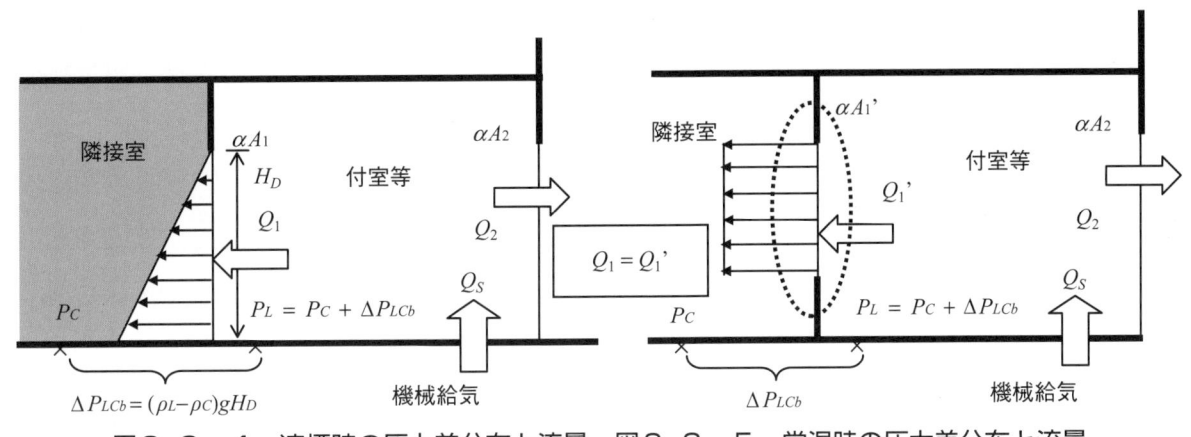

図2.3-4 遮煙時の圧力差分布と流量　図2.3-5 常温時の圧力差分布と流量

図2.3-4に示すように、付室と隣室との間の遮煙時における必要排出風量はQ_1（kg/s）以下のようになる。

$$Q_1 = \int \alpha V \rho_L \cdot dA = \int_0^{H_D} \alpha V \rho_L B \cdot dh = \int_0^{H_D} \alpha \rho_L B \sqrt{\frac{2\Delta P}{\rho_L}} \cdot dh = \int_0^{H_D} \alpha B \sqrt{2\rho_L(\rho_L - \rho_C)gh} \cdot dh$$

$$= \alpha B \sqrt{2\rho_L(\rho_L - \rho_C)g} \int_0^{H_D} h^{\frac{1}{2}} dh$$

$$= \frac{2}{3} \alpha B \sqrt{2\rho_L(\rho_L - \rho_C)g} H_D^{\frac{3}{2}} \ [\text{kg/s}]$$

式（2.3-1）

ここで

A：開口面積［m²］、B：開口幅［m］、H_D：開口高さ［m］、ρ_L：付室等の空気密度［kg/m³］、ρ_C：隣接室の空気密度［kg/m³］、α：流量係数［－］

上式を付室等と隣接室の床面圧力差ΔP_{LCb}（Pa）で表すと、Q_1は以下のようになる。

$$Q_1 = \frac{2}{3} \alpha B_1 \sqrt{2\rho_L(\rho_L - \rho_C)g} H_D^{\frac{3}{2}} = \frac{2}{3} \alpha B_1 H_D \sqrt{2\rho_L(\rho_L - \rho_C)g H_D}$$

$$= \frac{2}{3} \alpha B_1 H_D \sqrt{2\rho_L \Delta P_{LCb}} = \frac{2}{3} \alpha A_1 \sqrt{2\rho_L \Delta P_{LCb}} \ [\text{kg/s}]$$

式（2.3-2）

常温時にも同じ床面圧力差ΔP_{LCb}（Pa）を形成し、遮煙時の排出風量Q_1と同量の排出風量Q_1'となるような、遮煙開口部の有効開口面積$\alpha A'$は以下のようになる。

$$Q_1' = \alpha A_1' v_1 = \alpha A_1' \sqrt{2\rho_L \Delta P_{LCb}}$$

$$Q_1' = Q \ \text{より、} \ A_1' = \frac{2}{3} A_1 \ [\text{m}^2]$$

式（2.3-3）

以上から、常温時の見掛けの有効開口面積（$\alpha A_1'$）は、遮煙時の開口の3分の2となる。このため遮煙開口部の開口幅は、遮煙時で60（cm）と想定しているが、常温時では40（cm）に縮小したものとなる。したがって必要排出風量Q_1'は、この有効開口面積（$\alpha A_1'$）での必要圧力差ΔP_{LCb}における流れとなる。なお、本告示では必要圧力差ΔP_{LCb}の代わりに、風速値が規定されている。

第2章　加圧防排煙方式告示の解説

2.4　主な規定の解説

2.4.1　給気口、給気風道、送風機の構造

昭44建告第1728号　特別避難階段の付室に設ける外気に向かつて開くことのできる窓及び排煙設備の構造方法を定める件

> 第1　略
> 第2一～三　略
> 　四　付室を加圧するための送風機を設けた排煙設備
> 　　次に掲げる基準に適合するものとする。
> 　　イ　付室に設ける給気口その他の排煙設備にあつては、次に掲げる基準に適合する構造であること。
> 　　　(1)　給気口その他の排煙設備の煙に接する部分は、不燃材料で造ること。
> 　　　(2)　給気口は、次に掲げる基準に適合する構造であること。
> 　　　　(i)　第1第四号の例により手動開放装置を設けること。
> 　　　　(ii)　給気風道に直結すること。
> 　　　　(iii)　開放時に給気に伴い生ずる気流により閉鎖されるおそれのない構造の戸その他これに類するものを有するものであること。
> 　　　(3)　給気風道は、煙を屋内に取り込まない構造であること。
> 　　　(4)　(2)の給気口には、送風機が設けられていること。
> 　　　(5)　送風機の構造は、給気口の開放に伴い、自動的に作動するものであること。

(1)　規定の目的

　加圧防排煙方式は、火災時に遮煙開口部となる付室等出入口からの煙の侵入を防止するために、付室等に機械給気を行うもので、そのための設備となる給気口、給気風道、送風機などの仕様を定めたものである。

(2)　解説

　この方式は、送風機によって送り出された空気を、接続された給気風道を経由して、付室等の室内に面して設けられた給気口から排出するものであるが、この給気口、給気風道、送風機によって構成された部分を排煙設備として位置付けたものである。給気口は、付室等において随時作動させることが必要なため、手の届く位置に手動開放装置を設け、さらに手動開放装置を動かすことと連動して、送風機が作動するようにする。また、給気経路は、給気風道によって外気取り入れ口から送風機を介して給気口へと導かれるが、送風機を含むその経路上においては、出火の危険の無い場所とすることが基本である。ただし、出火の危険のある部分を経由しなければならない場合は、火炎に曝されても機能を維持し、さらに煙を風道内へ取り込むことの無いようにすることが必要である。

　このように給気風道は、空調設備などの風道とは異なり、排煙設備の一部分として位置付けられるものであることから、防火区画貫通部には防火ダンパーは設置しないようにし、風道の構造

としてある程度の耐火性能が求められるものである。しかしながら、排煙風道と大きく異なる点は、風道内の気流温度が高くならないことである。したがって、火炎に曝される危険のある部分は、昭56建告第1098号（令第115条第1項第一号から第三号までの規定を適用しないことにつき防火上支障がない煙突の基準を定める件）の第2に示す「煙突」を「給気風道」と読み替えたものに適合する必要がある。

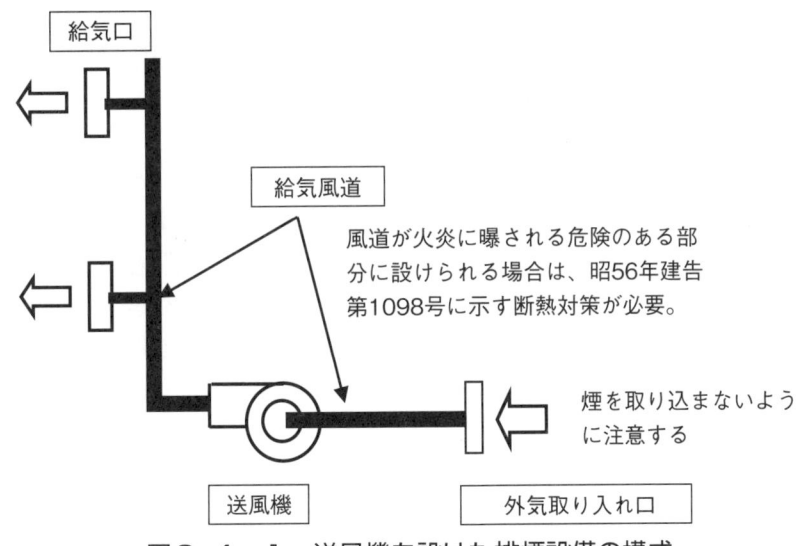

図2.4-1　送風機を設けた排煙設備の構成

2.4.2　空気逃し口の構造

昭44建告第1728号　特別避難階段の付室に設ける外気に向かつて開くことのできる窓及び排煙設備の構造方法を定める件

第1　略
第2一～三　略
四イ　略
　ロ　付室は、次の(1)から(5)までに該当する空気逃し口を設けている隣接室（付室と連絡する室のうち階段室以外の室をいう。以下同じ。）又は当該空気逃し口を設けている一般室（隣接室と連絡する室のうち付室以外の室をいう。以下同じ。）と連絡する隣接室と連絡しているものであること。
　(1)　イ(2)の給気口の開放に伴つて開放されるものであること。
　(2)　次の(i)又は(ii)のいずれかに該当するものであること。
　　(i)　直接外気に接するものであること。
　　(ii)　厚さが0.15センチメートル以上の鉄板及び厚さが2.5センチメートル以上の金属以外の不燃材料で造られており、かつ、常時開放されている排煙風道と直結するものであること。
　(3)　次の(i)及び(ii)に該当する構造の戸その他これに類するものを設けること。
　　(i)　(1)の規定により開放された場合を除き、閉鎖状態を保持すること。ただし、当該空気逃し口に直結する排煙風道が、他の排煙口その他これに類するものに直結する風道と接続しない場合は、この限りでない。
　　(ii)　開放時に生ずる気流により閉鎖されるおそれのない構造であること。
　(4)　不燃材料で造られていること。

(5) 開口面積（平方メートルで表した面積とする。ハ(2)(i)(ロ)において同じ。）が、次の式で定める必要開口面積以上であること。ただし、必要開口面積の値が零以下となる場合は、この限りでない。

$$A_p = \frac{(VH - V_e)}{7}$$

この式において、A_p、V、H及びV_eは、それぞれ次の数値を表すものとする。
- A_p 必要開口面積（単位 平方メートル）
- V 付室と隣接室を連絡する開口部（以下「遮煙開口部」という。）を通過する排出風速（単位 1秒間につきメートル）
- H 遮煙開口部の開口高さ（単位 メートル）
- V_e 当該隣接室又は一般室において当該空気逃し口からの水平距離が30メートル以下となるように設けられた排煙口のうち、令第126条の3第1項第七号の規定に適合する排煙風道で、かつ、開放されているものに直結する排煙口（不燃材料で造られ、かつ、付室の給気口の開放に伴い自動的に開放されるものに限る。）の排煙機（当該排煙口の開放に伴い自動的に作動するものに限る。）による排出能力（単位 1秒間につき立方メートル）

(1) 規定の目的

加圧防排煙方式においては、給気室からの給気を行うことと同時に、隣接室からも給気した空気を外部へ排出することによって、遮煙に必要な圧力差が給気室と隣接室との間で形成されることになる。また給気することによって、付室等のみならず隣接する廊下や出火が想定される一般室などの汚染領域の室内圧をも上昇させることとなる。汚染領域の室内圧が大きすぎると、隣接する他の竪穴等へ煙が流入するおそれがあるため、汚染領域の圧力上昇を一定以下に抑える必要がある。このように、給気した空気を外部へ排出するために、空気逃し口を隣接室又は一般室に設ける。

(2) 解説

① 空気逃し口の機能

空気逃し口は、付室等と連絡する隣接室か、又は隣接室と繋がる一般室のどちらかに設ければ良い。空気逃し口の役割は、加圧された安全な領域と煙に汚染された領域との間に圧力差を形成させるものであり、図2.4-2に示すように、一般室に設けられた場合、火災初期には一般室と隣接室との区画性能が保持されているため、隣接室までが加圧された汚染されていない領域となる。さらに火災盛期になって燃焼拡大により、一般室と隣接室の区画に亀裂が生じ、隣接室も煙汚染領域となった場合には、隣接室と付室等との間での圧力差が形成されることになる。

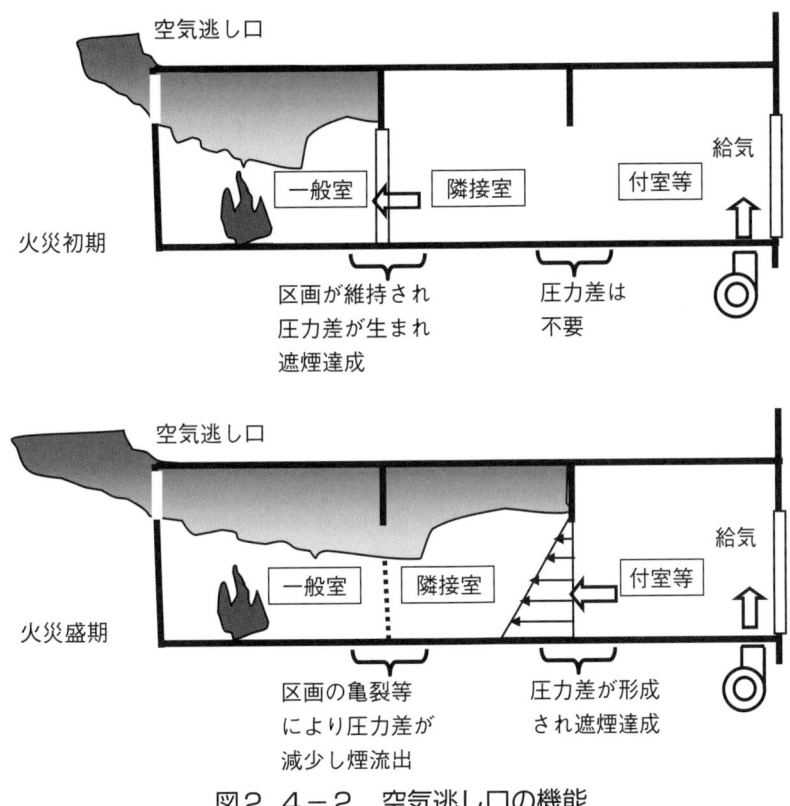

図2.4-2　空気逃し口の機能

② 空気逃し口に用いる風道の仕様

空気逃し口は直接外気に接している場合以外は、排煙風道によって外気に導くことになる。また、機械排煙が設置されている場合、この機械排煙による排出効果も汚染領域の室内圧力を減少させる効果を生じることから、空気逃し口として兼用することが可能である。現在、排煙設備の排煙風道の仕様は、令第126条の3第七号の規定により、令第115条第1項第三号に定める煙突の仕様を求めているが、現状では、防火区画貫通部に防火ダンパーを設けることによって、耐火性能を緩和した仕様でも良いように運用されている（鉄板厚0.05～0.12（cm）、被覆厚2.5（cm））。

しかしながら、空気逃し口は火災盛期の高温時においても機能を維持する必要があることから、排煙風道には防火ダンパーを設置することが許されない。したがって、令第115条第1項第三号に定める仕様（厚さ10（cm）以上の金属以外の不燃材料で造る。又は、平16国交告第1168号）によることになる。なお本告示第2第四ロ(2)(ⅱ)にある、厚0.15（cm）以上の鉄板と厚2.5（cm）以上の不燃材料による被覆が認められるのは、防火区画を貫通せずに排煙風道を外気まで導く場合である。

第2章　加圧防排煙方式告示の解説

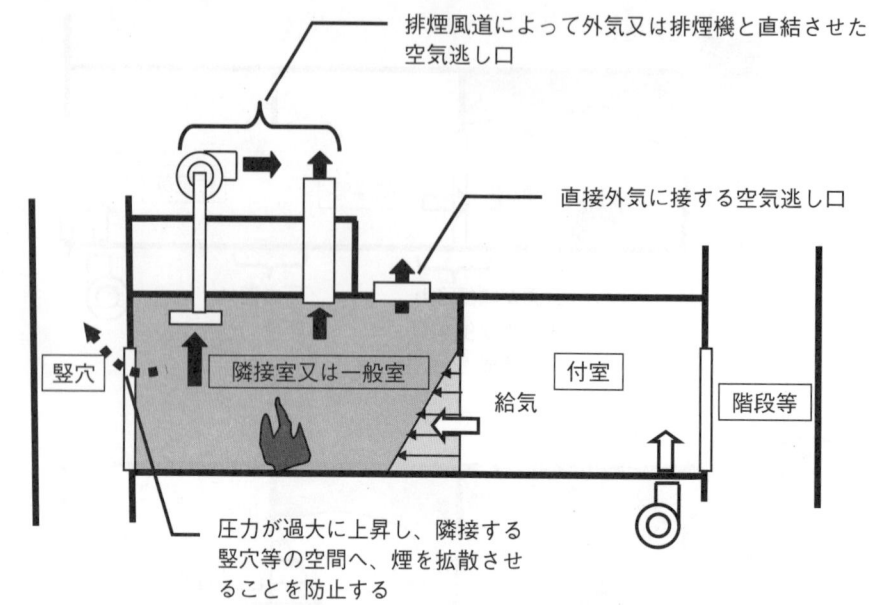

図2.4-3　空気逃し口の方式

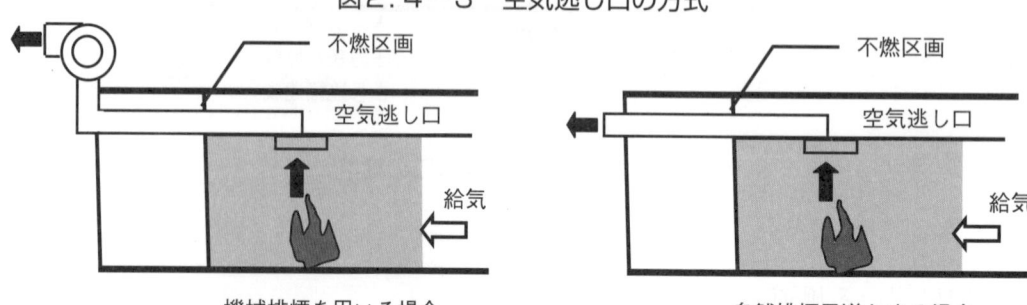

排煙風道の仕様
（厚さ0.15cm以上の鉄板＋不燃材料による被覆2.5cm以上）

図2.4-4　空気逃し口に用いられる排煙風道の仕様
（風道が防火区画を貫通しない場合）

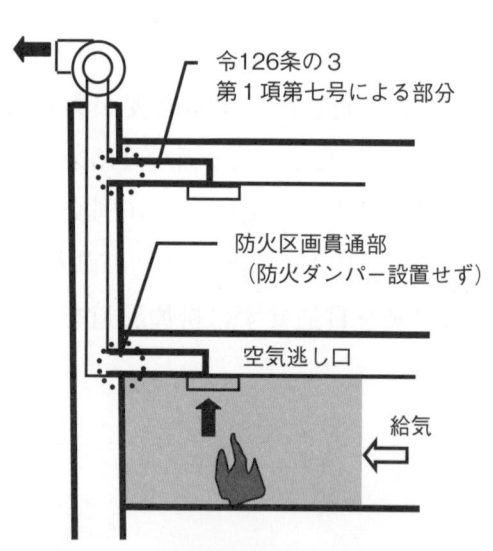
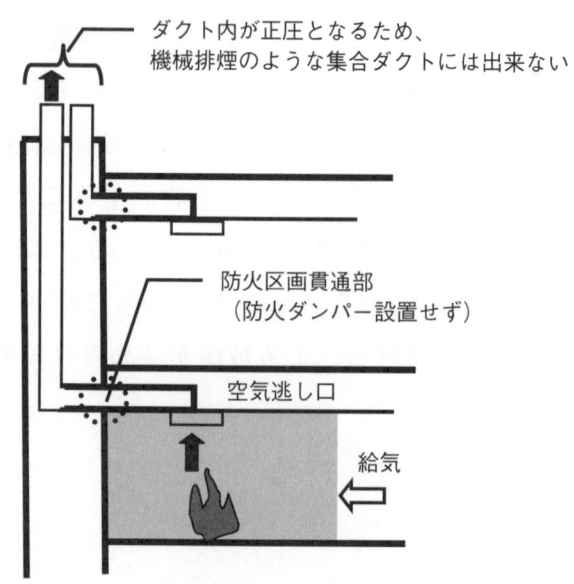

排煙風道の仕様
（令126条の3第1項第七号による）

図2.4-5　空気逃し口に用いられる排煙風道の仕様
（風道が防火区画を貫通する場合）

③ 空気逃し口の必要開口面積

空気逃し口の機能は、付室等と隣接室との間に圧力差を形成させることと、付室等からの給気によって生じる隣接する廊下や出火が想定される一般室などの汚染領域の圧力上昇を一定以下に抑えることである。この許容圧力差としては、昭48建告第2564号（防火区画に用いる遮煙性能を有する防火設備の構造方法を定める件）の中で用いられている防火シャッターでの遮煙性能試験の基準圧力差である19.6（Pa）を用いている。なお、圧力差19.6（Pa）は、遮煙性能試験での漏気量を測定する場合の設定差圧であり、この圧力差以内であれば必要とする遮煙性能が担保されることになる。したがって、本規定は、汚染領域における圧力上昇をこの圧力差以下になるように、この空気逃し口の必要開口面積の大きさを定めたものである。

④ 空気逃し口の必要開口面積の算出根拠

空気逃し口における風速をV（m/s）、風量をS（m³/min）、空気逃し口面積をαA（m²）、空気逃し口設置室と外気間の差圧をΔP（Pa）、空気密度ρ（kg/m³）とすると、

$$V = \frac{S}{\alpha A} = \sqrt{\frac{2\Delta P}{\rho}} \, [\text{m/s}] \qquad 式（2.4-1）$$

となる。

また、図2.4-6に付室等と隣接との室間及び隣接室と外気との間での気流を示す。気流の温度条件については、排煙側は火災室温度を安全側の条件として最高温度の800（℃）（空気密度をρ_S（kg/m³））とし、給気側は常温時20（℃）（空気密度をρ_L（kg/m³））とすると、隣接室において以下のような風量の収支式が成り立つ。

$$\rho_L S_0 = \rho_S S_1 + \rho_S S$$

したがって

$$S = \left(\frac{\rho_L}{\rho_S} S_0 - S_1\right) \, [\text{m}^3/\text{s}] \qquad 式（2.4-2）$$

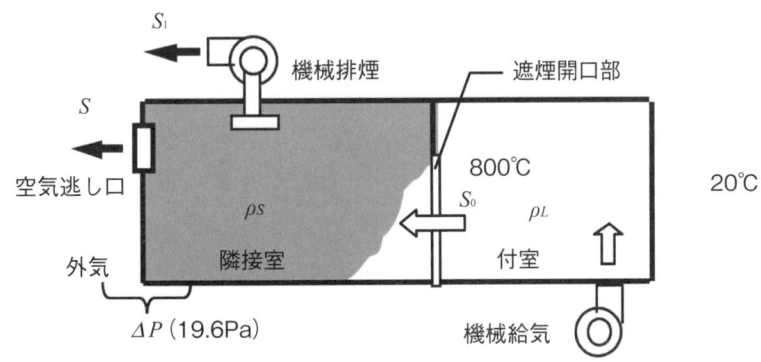

図2.4-6　流入空気と流出空気

また、遮煙開口部の開放面積をαA_0（m²）、排出風速をV（m/s）とすると排出風量S_0（m³/s）、開口高さH（m）は、以下の式で表される。なお、流量係数$\alpha = 0.7$とする。

$$S_0 = \alpha A V = 0.7 \times 0.4 \times H \times V = 0.28 VH \, (\text{m}^3/\text{s}) \qquad 式（2.4-3）$$

（2.4-1）式をαAについて解き、圧力差の上限値$\Delta P = 19.6$（Pa）として式（2.4-2）

及び式（2.4-3）を代入すると、以下の通りとなり、必要開口面積を求めることができる。

$$\alpha A = S\sqrt{\frac{\rho_S}{2\Delta P}} = S\sqrt{\frac{0.33}{2\times 19.6}} = \frac{1}{10.9}\left(\frac{\rho_L}{\rho_S}S_0 - S_1\right)$$

$$= \frac{3.6 S_0 - S_1}{10.9} = \frac{3.6\times 0.28 HV - S_1}{10.9}$$

$$\approx \frac{VH - S_1}{10.9}$$

$$\therefore A = \frac{VH - S_1}{0.7\times 10.9} \approx \frac{VH - S_1}{7} \quad [\mathrm{m}^2]$$

S：空気逃し口の通過風量　［m³/s］
S_0：遮煙開口部の通過風量　［m³/s］
S_1：排煙機の排出能力　［m³/s］
ρ_S：800℃の時の空気密度＝0.33　［kg/m³］
ρ_L：20℃の時の空気密度＝1.2　［kg/m³］

上記の算定式において流量係数αは0.7を用いているが、これは単純開口の場合である。したがって、グレーチング開口など単純開口と形状が大きく異なる場合は、形状に応じた流量係数による補正を行う必要がある。

なお、隣接室に設けた排煙機の排出能力が十分に大きい場合（$S_1 \geq 3.6 S_0$）は、隣接室における必要圧力差が$\Delta P \leq 19.6$（Pa）となるため、隣接室に外気に繋がる空気逃し口を設ける必要はない。

⑤　空気の逃し口の必要開口面積算出式に取り込める機械排煙設備

機械排煙設備を設ける場合、空気逃し口の面積を小さくすることができる。機械排煙による排出能力が加味されるため、必要開口面積は少なく算出される。しかし、当該空気逃し口と機械排煙による排煙口との設置場所が大きく離れていると、排出能力としての相乗効果を発揮することが出来なくなるため、相互の設置距離を30（m）以内としている。

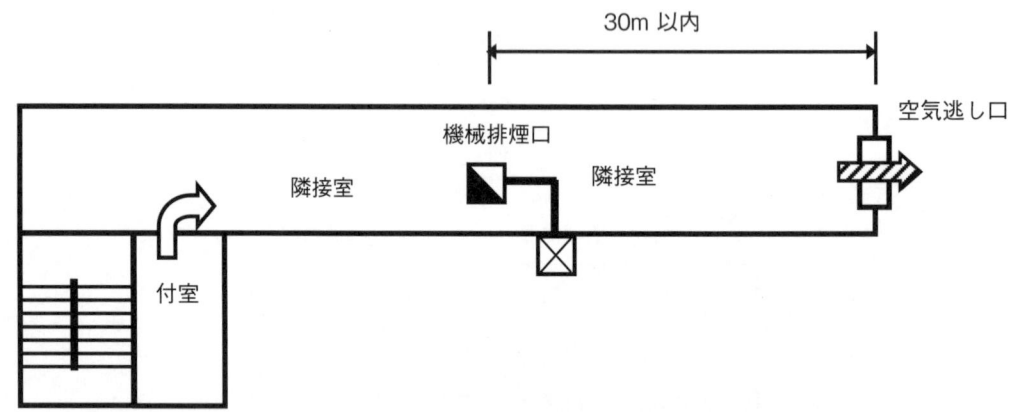

図2.4-7　空気の逃し口の必要開口面積算出式に取り込める機械排煙設備

⑥　機械排煙設備を空気の逃し口と併用する場合

機械排煙による排煙口と空気逃し口を併用する場合は、煙の排出を主目的とする排煙機能の部分の系統と、空気逃し口の機能を持つ系統とに系統を2つに別ける。空気逃し口に接続する排煙風道は、火災後期に於いても機能させる必要があるため、区画貫通部においては防火ダンパーを設けてはならない。したがって、排煙風道は従来の仕様とは異なり、令第126条の3第1項第七号によるものとする。

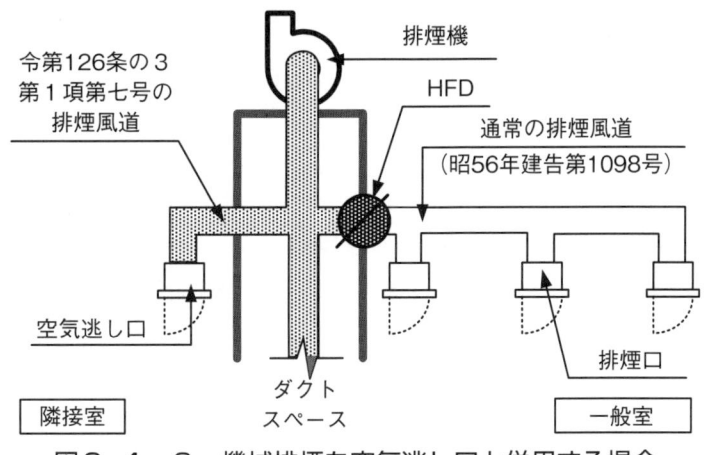

図2.4-8　機械排煙を空気逃し口と併用する場合

2.4.3 遮煙開口部の遮煙条件

昭44建告第1728号　特別避難階段の付室に設ける外気に向かつて開くことのできる窓及び排煙設備の構造方法を定める件

> 第1　略
> 第2一～三　略
> 四イ、ロ　略
> 　ハ　遮煙開口部にあつては、次の(1)及び(2)に定める基準に適合する構造であること。
> 　　(1)　遮煙開口部における排出風速（メートル毎秒で表した数値とする。）が、当該遮煙開口部の開口幅を40センチメートルとしたときに、次の(i)から(iii)までに掲げる場合に応じ、それぞれ(i)から(iii)までの式によって計算した必要排出風速以上であること。
> 　　　(i)　隣接室が、令第115条の2の2第1項第一号に掲げる基準に適合する準耐火構造の壁（小屋裏又は天井裏に達したもので、かつ、給水管、配電管その他の管が当該壁を貫通する場合においては、当該管と当該壁とのすき間をモルタルその他の不燃材料で埋めたものに限る。）又は特定防火設備（当該特定防火設備を設ける開口部の幅の総和を当該壁の長さの4分の1以下とする場合に限る。）で区画され、かつ、令第129条の2第2項に規定する火災の発生のおそれの少ない室（以下単に「火災の発生のおそれの少ない室」という。）である場合
> 　　　　　$V = 2.7\sqrt{H}$
> 　　　(ii)　隣接室が、平成12年建設省告示第1400号第十五号に規定する不燃材料の壁（小屋裏又は天井裏に達したもので、かつ、給水管、配電管その他の管が当該壁を貫通する場合においては、当該管と当該壁とのすき間をモルタルその他の不燃材料で埋めたものに限る。）又は建築基準法（昭和25年法律第201号。以下「法」という。）第2条第九号の二ロに規定する防火設備で区画され、かつ、火災の発生のおそれの少ない室である場合
> 　　　　　$V = 3.3\sqrt{H}$
> 　　　(iii)　(i)又は(ii)に掲げる場合以外の場合
> 　　　　　$V = 3.8\sqrt{H}$
> 　　　　(i)から(iii)までの式において、V及びHは、それぞれ次の数値を表すものとする
> 　　　　　V　必要排出風速（単位　1秒間につきメートル）
> 　　　　　H　遮煙開口部の開口高さ（単位　メートル）

(1) 規定の目的

　本告示においては、付室等における遮煙性能を達成するための指標として、付室等への給気風量ではなく、直接的に遮煙開口部における排出風速を規定している。

遮煙開口部での必要排出風速は、付室等と隣接する室の用途及び、隣接室と一般室との区画性能に応じて、3つの温度条件を想定したものとなっている。

(2) 解説

① 防火区画された廊下が付室等に直接隣接する場合

付室等の隣接室が火災の発生のおそれの少ない室で、準耐火構造の床・壁又は特定防火設備で区画されている場合である。この場合の隣接室は、防火区画された空間であることから、出火が想定される一般室からの火煙による影響が少ないことが想定されるため、隣接室の想定温度を200（℃）とし、排出風速は$V=2.7\sqrt{H}$となる。

なお、防火区画の開口部には特定防火設備が設けられるが、壁に比べ特定防火設備には遮熱性が無いため、壁面積に対する特定防火設備の面積が大きくなる程、特定防火設備からの放射量も大きくなり、隣接室の温度の上昇を招くことになる。このため、特定防火設備を設ける場合は、開口部の幅の総和が当該壁の長さの4分の1以下となるように制限を設けている。4分の1を超える場合は②の排出風速による。

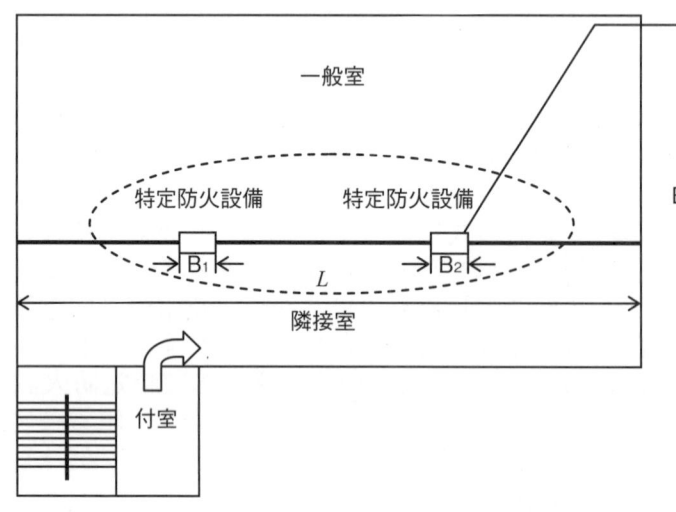

図2.4-9　特定防火設備の幅制限

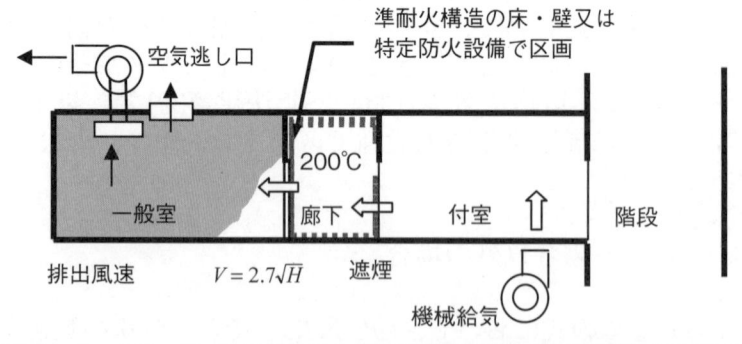

図2.4-10　防火区画された廊下が付室等に直接隣接する場合

② 不燃区画された廊下が付室等に直接隣接する場合

付室等の隣接室が火災の発生のおそれの少ない室で、不燃材料の床・壁又は防火設備等で区画されている場合である。

不燃材料を用いて造られた簡易間仕切り壁は、法令上の防火区画と同等の性能は無いものの、ある程度の時間、火煙を遮断する効果を持っている。しかし、使用材料や工法によりその性能は大きく異なることが実験で確認（森田他、簡易間仕切り壁等の耐火性・遮煙性に関する実験的検討、日本建築学会大会学術講演梗概集、2009年8月）されており、使用にあたっては、ある程度の耐火性能が期待できる材料及び工法を選択して用いる必要がある。この場合の隣接室は、準耐火構造の壁などで区画された空間とは異なり、加熱により生じた、壁の亀裂部分からの火煙の流出により、また、防火設備のみの区画では、裏面からの放射が大きくなることにより、隣接室の温度が防火区画の場合に比べ上昇することが想定される。これらのことから、隣接室の想定温度を400（℃）とし、排出風速は$V = 3.3\sqrt{H}$となる。

なお、一般室から隣接室への天井裏を介しての延焼を防止するため、さらに、配管などによる壁の区画貫通部分の隙間などからの延焼危険を防止するために、不燃材料の壁は天井裏又は小屋裏まで達するものとし、また隙間にはモルタルその他の不燃材料で埋めることが必要である。

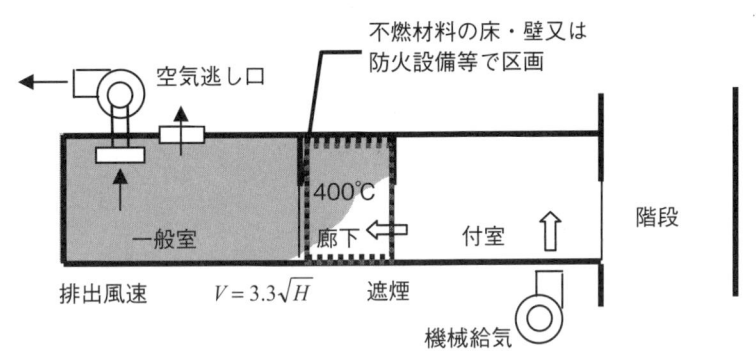

図2.4-11　不燃区画された廊下が付室等に直接隣接する場合

③　一般居室が付室等に直接隣接する場合

付室等の隣接室が火災の発生のおそれのある一般室とする場合である。この場合の隣接室は、出火室となる可能性のある室であることから、隣接室の想定温度を800（℃）とし、排出風速は$V = 3.8\sqrt{H}$となる。

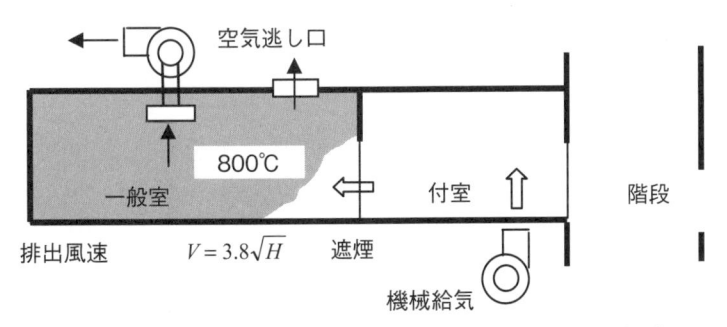

図2.4-12　一般居室が付室等に直接隣接する場合

④　隣接室の各温度想定時における必要排出風速の根拠について

隣接室の室温が200（℃）、400（℃）、800（℃）の各想定時において、遮煙開口部での各排出風速は以下のようになる。

イ）隣接室の各温度想定時の密度

$\rho_a = 353/(273+20) = 1.2$

$\rho_{S200} = 353/(273+200) = 0.75$

$\rho_{S400} = 353/(273+400) = 0.52$

$\rho_{S800} = 353/(273+800) = 0.33$

ロ）各温度設定時の必要圧力差

$\Delta P_{200} = (\rho_a - \rho_s) gH = (1.2 - 0.75) \times 9.8 \times H = 4.41H$

$\Delta P_{400} = (\rho_a - \rho_s) gH = (1.2 - 0.52) \times 9.8 \times H = 6.66H$

$\Delta P_{800} = (\rho_a - \rho_s) gH = (1.2 - 0.33) \times 9.8 \times H = 8.53H$

ハ）各温度設定時の遮煙開口部での排出風速

$V_{200} = \sqrt{\dfrac{2\Delta P_{200}}{\rho_a}} = \sqrt{\dfrac{2 \times 4.41H}{1.2}} = \sqrt{7.35H} = 2.7\sqrt{H}$

$V_{400} = \sqrt{\dfrac{2\Delta P_{400}}{\rho_a}} = \sqrt{\dfrac{2 \times 6.66H}{1.2}} = \sqrt{11.1H} = 3.3\sqrt{H}$

$V_{800} = \sqrt{\dfrac{2\Delta P_{800}}{\rho_a}} = \sqrt{\dfrac{2 \times 8.53H}{1.2}} = \sqrt{14.2H} = 3.8\sqrt{H}$

ρ_a ：付室等の常温（20℃）空気の密度 [kg/m³]

ρ_{sT} ：隣室が T℃の煙の密度 [kg/m³]

g ：重力加速度 [m/s²]

H ：遮煙開口部の高さ [m]

V_T ：隣接室（T℃）との遮煙開口部の排出風速 [m/s]

⑤ 遮煙開口部の開口幅の設定について

遮煙開口部における扉の開口条件は、常温時では幅40（cm）である。扉が引き戸であればこの状態を形成することは明確に設定できるが、通常の開き戸の場合、どのような開度の状況にすれば良いか定める必要がある。

図2.4-13は、扉の開放角度θと流量係数αの値の変化を示した図で、点線は実験による測定結果（広田他；防排煙時の室間圧力差予測のための中間的開放扉の基本特性、日本建築学会環境系論文集602号）から求められた回帰式によるものである。

実験回帰式　$\alpha = 0.023 + 0.125\theta - 0.00006\theta^2$　　　　　　　　　　　　　式（2.4-4）

上記の式は、扉の面積（$B \times H$）を基にして流量係数αを導きだしているため、開口幅を使っている本規定に用いるには、規定した開口幅と等価な流量係数と扉の開放角度を探すことが必要である。

通常、単純開口の流量係数は0.7であるため、$\theta = 90$（°）の扉を全開したときの流量係数を0.7

とし、扉の開放角度θと流量係数αは以下のようなsinθの関係になると考える。

$$\alpha = 0.7\sin\theta \qquad 式（2.4-5）$$

図2.4-13の実線はこの結果を示したものであるが、ほぼ実験回帰式と近似したものとなっている。

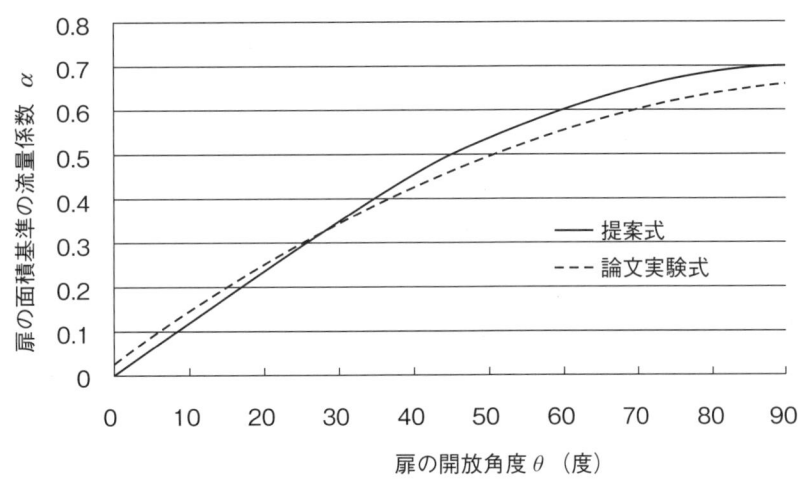

図2.4-13　扉の開放角度θと流量係数αの値

上記の式を基にして、戸の開く角度によって開口幅が変化するものとし、これを見掛けの開口幅B'とすると、流量係数α、扉の開放角度θ、扉の幅Bの関係は以下のようになり、流量係数αは常に0.7をとる。

$$\alpha = 0.7\frac{B}{B'}\sin\theta \qquad 式（2.4-6）$$

したがって、流量係数αを0.7とした場合の開口幅B'は

$$B' = B\sin\theta \qquad 式（2.4-7）$$

となる。

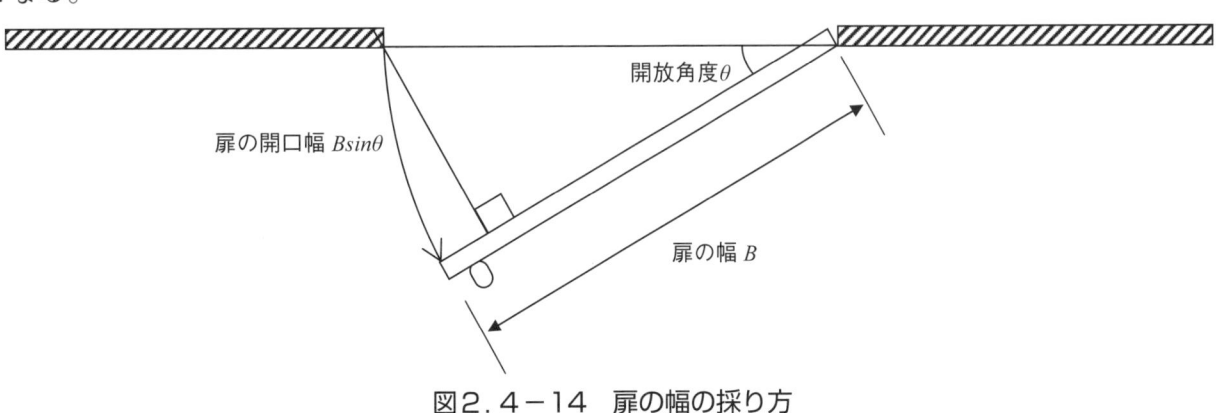

図2.4-14　扉の幅の採り方

（例）

開口幅40（cm）の場合

・扉の幅　80（cm）の時　開放角度　30（°）
・扉の幅　100（cm）の時　開放角度　24（°）
・扉の幅　120（cm）の時　開放角度　19（°）

2.4.4 遮煙開口部の開放障害防止

昭44建告第1728号　特別避難階段の付室に設ける外気に向かつて開くことのできる窓及び排煙設備の構造方法を定める件

> 第1　略
> 第2一～三　略
> 四イ～ハ(1)　略
> (2) 次に掲げる基準のいずれかに適合するものであること。
> 　(i) 次の(イ)及び(ロ)に適合するものであること。
> 　　(イ) 遮煙開口部に設けられている戸の部分のうち、天井から80センチメートルを超える距離にある部分にガラリその他の圧力調整装置が設けられていること。ただし、遮煙開口部に近接する部分（当該遮煙開口部が設けられている壁の部分のうち、天井から80センチメートルを超える距離にある部分に限る。）に(ロ)に規定する必要開口面積以上の開口面積を有する圧力調整ダンパーその他これに類するものが設けられている場合においては、この限りでない。
> 　　(ロ) (イ)の圧力調整装置の開口部の開口面積が、次の式で定める必要開口面積以上であること。
> 　　　　$A_{dmp} = 0.04VH$
> 　　　　この式において、A_{dmp}、V及びHは、それぞれ次の数値を表すものとする。
> 　　　　A_{dmp}　必要開口面積（単位　平方メートル）
> 　　　　V　遮煙開口部を通過する排出風速（単位　1秒間につきメートル）
> 　　　　H　遮煙開口部の開口高さ（単位　メートル）
> 　(ii) 遮煙開口部に設けられた戸が、イ(4)の送風機を作動させた状態で、100ニュートン以下の力で開放することができるものであること。

(1) 規定の目的

加圧防排煙方式においては、付室等の圧力を高めることにより、隣接室との間の開口部（遮煙開口部）において煙の侵入を防止することになる。

一方で、通常、遮煙開口部の扉は隣接室から付室側へ開くことから、付室等の圧力が上がりすぎると、扉の開放障害を生じる可能性がある。そのため、一定以上の圧力が加えられた場合には圧力調整を行う必要がある。

本規定は、遮煙開口部に設けられた扉が、給気作動時に開放するために必要な開放力が、100（N：ニュートン）以下となるように、圧力調整装置の必要開口面積を定めたものである。

なお、扉の開放力については成人男子よる測定結果（阿部他、加圧排煙時の消防活動拠点における扉の流量係数及び開放力に関する実験研究、平成16年度日本火災学会研究発表梗概集）によると、150（N）程度までは容易に開放が出来ており、また、NFPA（米国防火協会）による扉の開放力の基準は133（N）とされている。

(2) 解説

① 圧力調整装置の設置場所

付室等の圧力上昇を防止するためには、ガラリやその他圧力調整ダンパーなどによる圧力調整装置によって、付室内から加圧空気を隣接室や外気に逃すことになる。火災時における隣接室で

は、出火場所から発生した煙が天井面に畜煙していることがあり、隣接室側の天井面近くで気流を逃すと天井面の煙層を撹拌し、隣接室での見通しが悪くなることが予想される。このため、隣接室側へ圧力調整装置を設ける場合にはできる限り低い位置とし、最低限天井面から80（cm）を超える距離としなければならない。

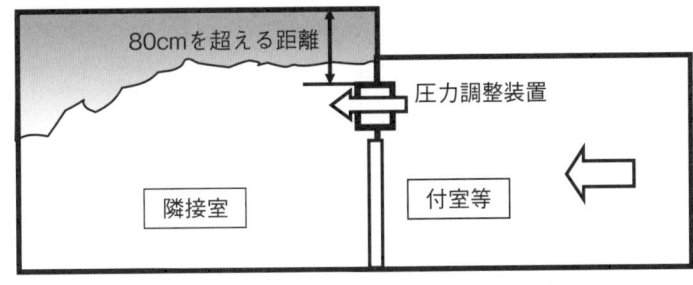

図2.4-15　圧力調整装置の設置位置

② ガラリや圧力調整ダンパーの必要開口面積

ガラリや圧力調整ダンパーに類するものを設ける場合は、開口面積A_{dmp}は以下の式による値以上とする。

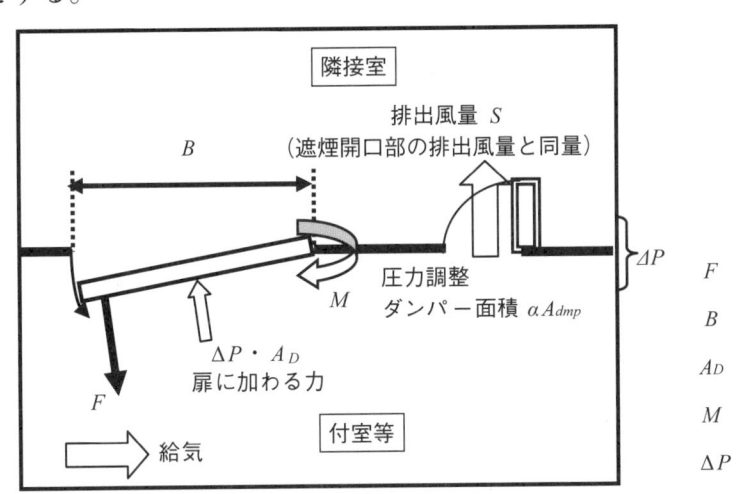

図2.4-16　圧力調整ダンパーと扉の開放に必要な力

F ：扉の開放力 [N]
B ：開口部幅 [m]
A_D ：扉の面積 [m²]
M ：ドアクローザーのモーメント [N·m]
ΔP ：給気室と隣接室間の差圧 [Pa]

ドアのヒンジ周りにおけるモーメントの釣合式により、

$$F \times B = M + A_D \times \Delta P \times \frac{B}{2}$$

安全側を想定して$F=100$（N）、一般的なドアの形状等から、$B=1.0$（m）、$A_D=1.0\times2.0$（m²）、$M=40$（N·m）とすると、開放障害を生じない、給気室と隣接室間の圧力差は$\Delta P=60$（Pa）となる。

圧力調整ダンパーが設けられる部分の開口面積を圧力調整開口部（A_{dmp}）とすると、圧力調整開口部の風速を$V_{dmp}=\sqrt{2\Delta P/\rho}$（m/s）、圧力調整開口部における風量を$S$とした場合、開放障害を生じないためには以下の開口面積が必要となる。

$$\alpha A_{dmp} = \frac{S}{V_{dmp}} = \frac{S}{\sqrt{\frac{2\Delta P}{\rho}}} = \frac{S}{\sqrt{\frac{2\times 60}{1.2}}} = \frac{S}{10}$$

圧力調整開口部における風量Sを、遮煙開口部の扉の開放時（開放面積A_{OP}）での排出風量（S_{OP}）と同量（$S=S_{OP}$）とみなすと、

$$\alpha A_{dmp} = \frac{S}{10} = \frac{S_{op}}{10} = \frac{\alpha \times A_{op} \times v}{10} = \frac{\alpha \times 0.4 \times H \times v}{10} = \alpha 0.04 VH$$

$$\therefore A_{dmp} = 0.04 VH$$

V：遮煙開口部を通過する排出風速[m/s]
S：圧力調整開口部における風量[m³/s]
ρ：空気密度=1.2[kg/m³]

なお、圧力調整開口部の方が、遮煙開口部（40（cm）開放時）より開口面積が小さいため、抵抗が増える分、付室での漏気量が増える。結果として、圧力調整開口部における風量Sは、遮煙開口部における風量S_{op}よりも小さくなるため、$S=S_{op}$とすると安全側の評価となる。

③ 圧力調整ダンパー以外の方式による扉の開放障害対策

圧力調整ダンパー方式のように、加圧空気を隣接室等に逃す方式以外に、扉の開放障害対策を選択することができる。扉の開放方式は問わないため、例えば引き戸の採用や、ドアクローザーなどの工夫によって、扉の開放力が100（N）以下の力で開放できるものであれば良い。

④ 圧力調整装置が出入口に設けた特定防火設備の性能に相当するための考え方

特別避難階段付室及び非常用エレベーター乗降ロビーには、下記の規定に示すように、出入口以外の開口部を設けることはできないことになっている。

○特別避難階段付室の構造（令第123条第3項）
　八　バルコニー及び付室には、階段室以外の屋内に面する壁に出入口以外の開口部を設けないこと。

○非常用の昇降機の設置及び構造（令第129条の13の3第3項）
　四　窓若しくは排煙設備又は出入口を除き、耐火構造の床及び壁で囲むこと。

加圧防排煙方式では、圧力調整装置を特別避難階段付室又は非常用エレベーター乗降ロビーと隣接室との間にある遮煙開口部近くの壁に設ける場合がある。そうなると、圧力調整装置による開口部が、上記規定に示されている出入口に相当するものであることが必要である。

上記での規定の意味は、特別避難階段付室及び非常用エレベーター乗降ロビー全体を防火区画し、屋内側である隣接室からの火炎及び煙の侵入を防止することである。このため、開口部となる出入口には、以下のa)～c)のような防火性能が求められることから、令第112条第14項第二号に規定する特定防火設備の設置が必要となっている。

　a）遮炎性能（平12建告第1369号：厚さ1.5（mm）以上の鉄板で製作など）

b）遮煙性能（昭48建告第2564号：扉の隙間を生じない構造、シャッター漏気量0.2（m³/(min・m²）以下）

c）作動性能（昭48建告第2563号：常時閉鎖か感知器連動による自動閉鎖機構など）

したがって、新たに設置される空気の出口となる圧力調整装置にも、従前の出入口と同様の性能を持たせることによって、上記規定が要求している性能を担保する必要がある。

圧力調整装置の開口部は、図2.4-17に示すように機械給気により給気室の圧力が上昇し、ダンパーの羽根を押し開く気流が、隣接室の廊下側等へ通過している場合にのみ開放された状態になり、気流の無い時又は廊下側の圧力が高い場合は、閉鎖状態を常に維持する機構を備えたものである。

以上のことから、圧力調整装置による開口部は、厚さ1.5（mm）以上の鉄板で造ること、遮煙性能は羽根の合わせ目を隙間なく造ること、また、作動性能は気流が通過する時以外は閉鎖すること（常時閉鎖扉）により、上記の出入口に求められている遮炎性能を担保することができるため、遮煙性能のある特定防火設備として扱うことができる。

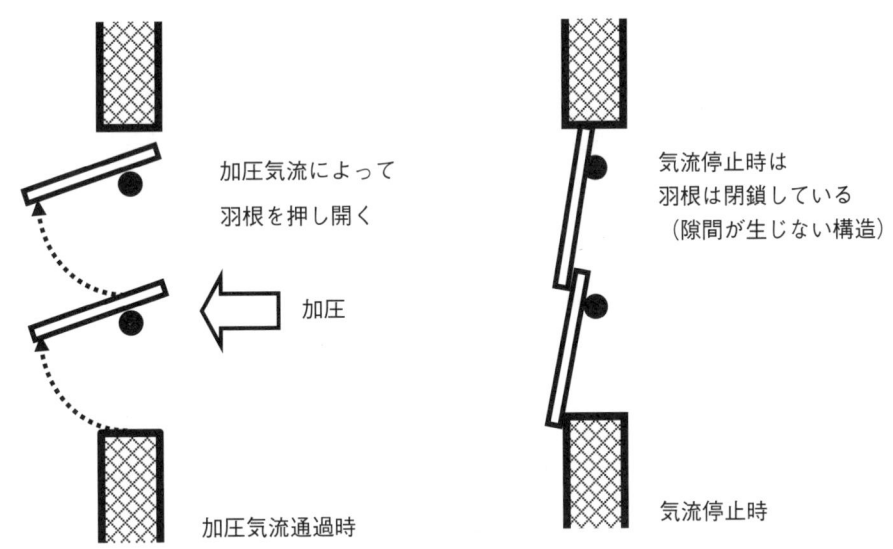

図2.4-17　常時閉鎖防火設備と同等な圧力調整装置

2.4.5 電源及び作動監視

昭44建告第1728号　特別避難階段の付室に設ける外気に向かつて開くことのできる窓及び排煙設備の構造方法を定める件

> 第1　略
> 第2一～三　略
> 四イ～ハ　略
> ニ　第一号ト及びチに掲げる基準に適合すること。
> ホ　法第34条第2項に規定する建築物における付室の排煙設備の制御及び作動状態の監視は、中央管理室において行うことができるものとすること。
> ヘ　火災時に生ずる煙が付室に侵入することを有効に防止することができるものとすること。

(1)　規定の目的

　加圧防排煙設備は、複数室に制御がまたがる複雑なシステムであり、また、消防活動の支援に対処する必要性から、ある程度の火災盛期まで対処できるものとしなければならない。手動開放装置などが設置されている起動場所へ近づけない状況にまで火災が進展していることもあり、中央管理室からの遠隔操作による確実な作動を行う必要がある。

(2)　解説

　電源を必要とする場合は予備電源を設け、また、電源、電気配線及び電線については、昭45建告第1829号の規定に適合するものであること。

　法第34条第2項に規定する建築物（高さ31（m）を超える建築物）には、中央管理室を設け、遠隔操作で、加圧防排煙方式の制御及び作動状態の監視ができるようにする。

第3章　加圧防排煙方式の設計例

3.1 加圧防排煙方式の設計法

図3.1-1に設計手順のフローチャートを示す。本告示では、空気逃し口に「機械方式」「自然方式」以外に両者を併用する場合の算定式も示されており、機械方式の風量と自然方式の開口面積の組み合わせが細かく調整できる。

```
START
　↓
3.1.1 エリアと防火区画の設定
　↓
3.1.2 排出風速Vの設定
  V=2.7×√H ：防火区画された廊下等に隣接
  V=3.3×√H ：不燃区画された廊下等に隣接
  V=3.8×√H ：一般室に隣接
　↓
3.1.3 給気量Qの設定
  Q₁ = α×0.4×V*×H        ：排出風量
  Q₂ = √(V*² + 2ΔPo/ρ)×A_L ：隙間漏気量
  Q  = Q₁+Q₂
　↓
3.1.4 空気逃し口の設計
　↓
＜空気逃し口は機械方式あるいは機械＋自然方式か？＞
  YES → 3.1.4(2) 機械式の風量 Ve の設定
  NO  → 3.1.4(1) 自然方式 Ve=0
　↓
自然空気逃し口面積 Ap の設定
  Ap=(V*×H−Ve)/7
　↓
＜Ap* ≧ (V*×H−Ve)/7＞
  NO（左）→ 建築計画の見直し → 3.1.1へ戻る
  NO（右）→ 機械空気逃し風量の見直し → 3.1.4へ戻る
  YES ↓
3.1.5 圧力調整装置の設計
　↓
＜圧力調整装置を扉開放力≦100Nで計画＞
  YES → END
  NO  → 圧力調整装置面積 Admp の設定
         Admp=0.04×V*×H
         → END
```

A_{dmp} ：圧力調整装置面積 [m²]
A_L ：付室周りの流量係数を含む隙間量 [m²]
A_p ：必要自然空気逃し口面積 [m²]
A_p^* ：設計自然空気逃し口面積 [m²]
H ：付室等の扉の高さ [m]
Q ：付室等の給気量 [m³/s]
Q_1 ：付室等の排出風量 [m³/s]
Q_2 ：付室等の隙間漏気量 [m³/s]
V ：付室等の必要排出風速 [m/s]
V^* ：設計排出風速 [m/s]
V_e ：機械式空気逃し風量 [m³/s]
α ：付室扉40cm開放時の流量係数 [−]
ρ ：空気密度 [=1.2kg/m³]
ΔP_o ：空気逃し口前後差圧 [=19.6Pa]

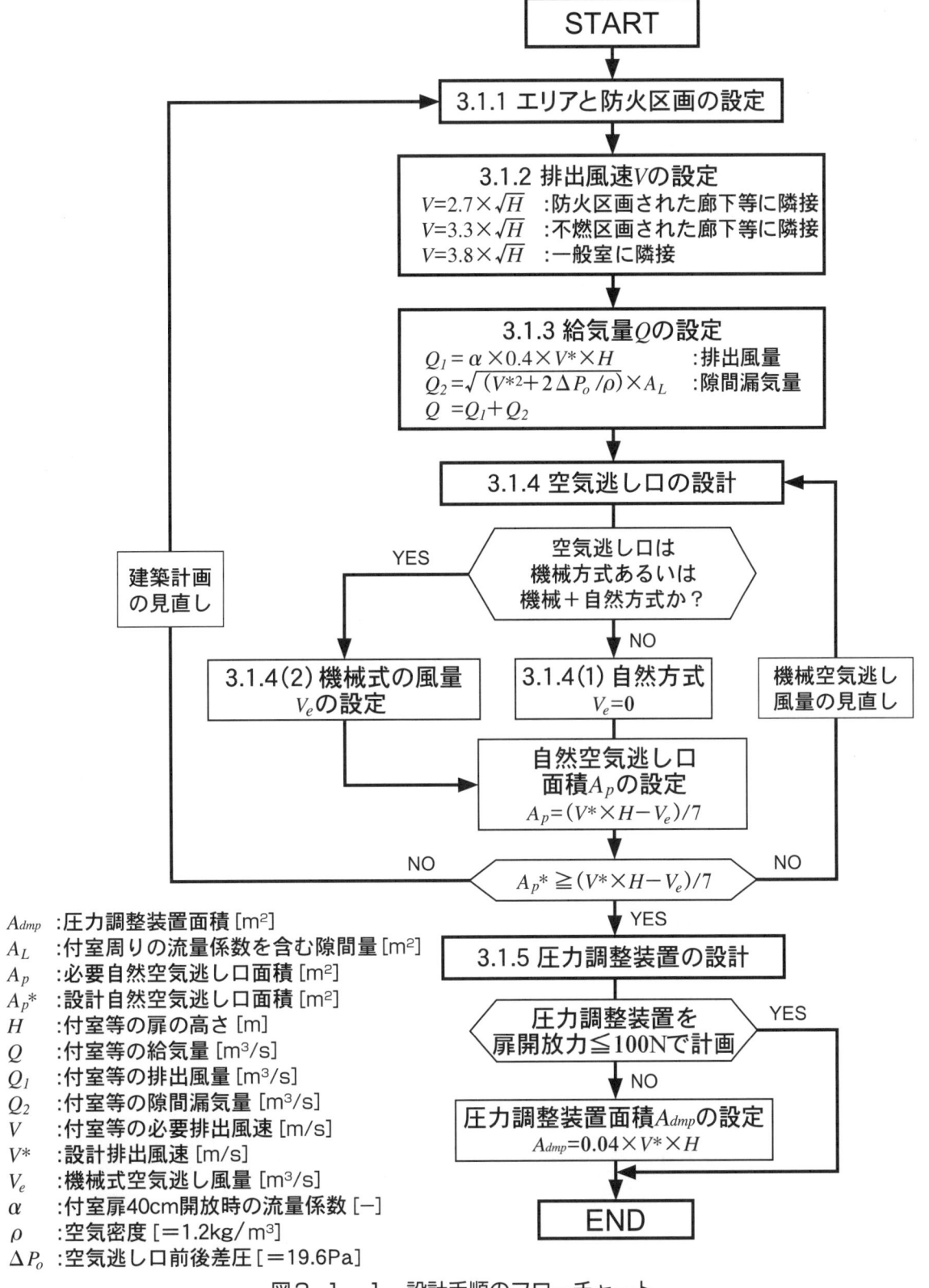

図3.1-1　設計手順のフローチャート

第3章　加圧防排煙方式の設計例

3.1.1　エリアと防火区画の設定

　加圧防排煙方式を採用する場合、原則、特別避難階段付室（以下、「付室」という。）と非常用エレベーター乗降ロビー（以下、「乗降ロビー」という。）を加圧給気すべきであり、付室以外の階段前室も加圧給気することが望ましい。

　加圧防排煙方式は加圧給気と空気逃し口を一体で設計する必要があり、一つの加圧給気された室に対応する空気逃し口を設けた隣接室あるいは一般室を連動して起動する同一エリアとして計画する必要がある。同一フロアに複数のエリアがある場合、それらがすべて一体で起動することが望ましい（図3.1－2 a)）。複数のエリアが同時に起動しない場合、同一フロアのエリア間には防火区画あるいは不燃の壁と扉（不燃区画）を設けて、起動した加圧防排煙エリアの影響が他のエリアに及ぶことを防止する必要がある（図3.1－2 b)）。

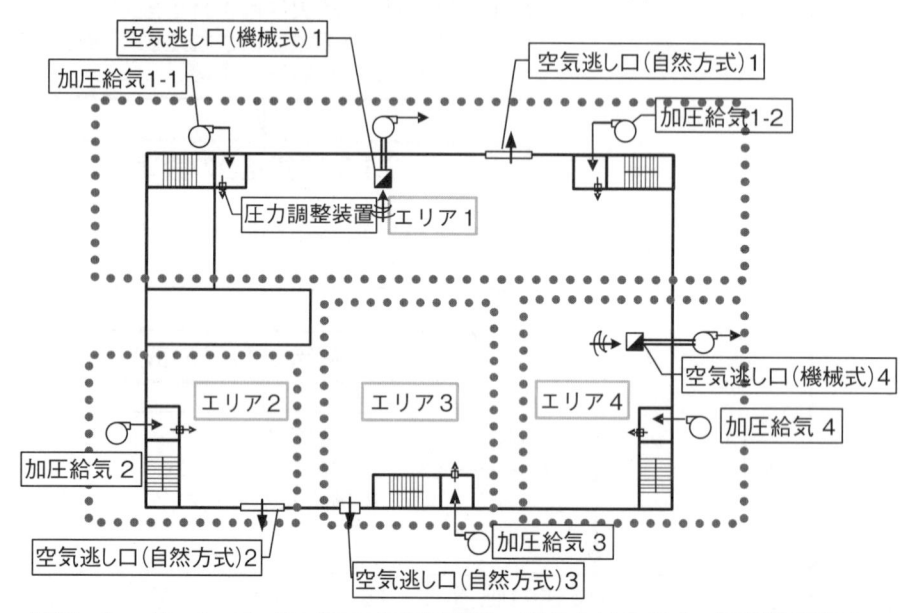

図3.1－2 a)　すべてのエリアを同時に起動させる場合（区画が不要）

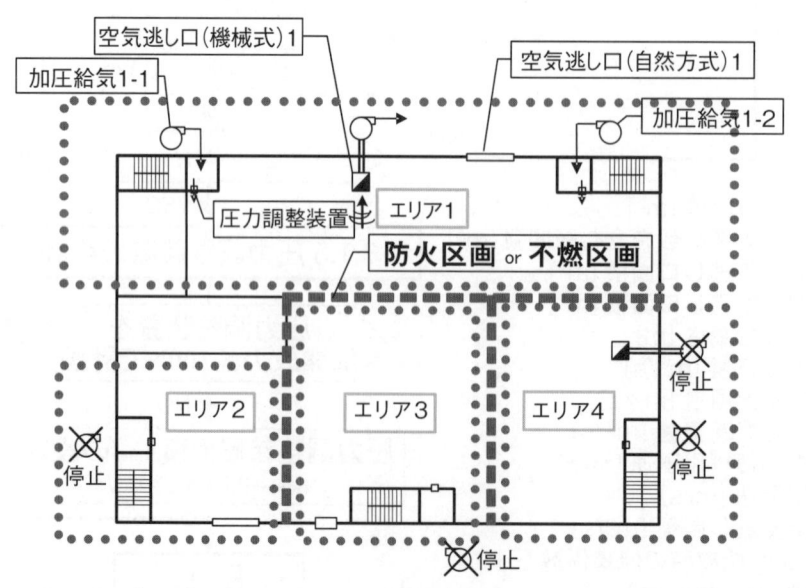

図3.1－2 b)　すべてのエリアを同時に起動させない場合（区画が必要）

3.1.2　排出風量の設定

　加圧防排煙方式は、給気加圧することで付室等の圧力を保持する防排煙方式であり、消防活動のために隣接室に通じる扉が開放された場合でも付室－隣接室間の差圧を一定以上に保つ必要がある。本告示に定める加圧防排煙方式では、隣接室の区画性能に応じて隣接室の空気温度を想定し、動圧換算での扉の開放部分の必要排出風速 V を以下のように定めている。

① 隣接室が防火区画されている場合：$V = 2.7\sqrt{H}$ （m/s）　　　　式（3.1－1）
② 隣接室が不燃区画されている場合：$V = 3.3\sqrt{H}$ （m/s）　　　　式（3.1－2）
③ 一般室に直接面している場合　　：$V = 3.8\sqrt{H}$ （m/s）　　　　式（3.1－3）

ここで
　　H：付室等の扉高さ[m]
　　V：付室等の必要扉排出風速[m/s]

　設計時には、上記式にて算出された風速に10％程度の余裕を見込んだ風速を設計排出風速 V^* として、以後の計算を行うことが望ましい。

3.1.3　給気風量の算定

　給気風量は扉の開放部分（本告示では常温時の扉の開放幅を40（cm）と定めている）の排出風量に付室内各部からの漏気量を加算した風量となる。

$$Q = Q_1 + Q_2 \qquad 式（3.1－4）$$
$$Q_1 = \alpha \times 0.4 \times V^* \times H \qquad 式（3.1－5）$$

　付室各部からの漏気量は付室等と外気間の圧力差と隙間量で算出する。ここで、後述する空気逃し口面積あるいは空気逃し口風量は、空気逃し口を設置する一般室あるいは隣室の対外気差圧を遮煙性能を有する防火設備の試験圧力19.6（Pa）以下にする目的で設定されている。そのため漏気量は下式で求められる。

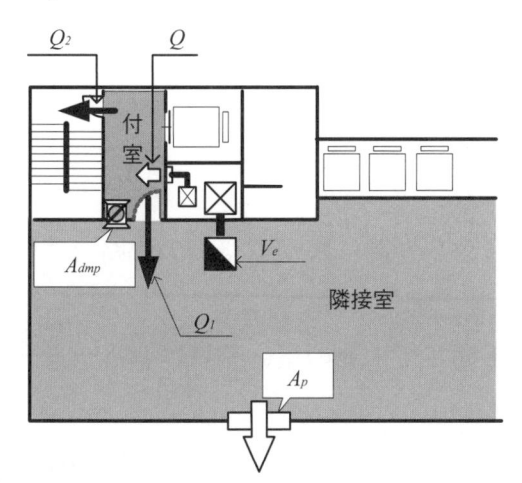

$$Q_2 = \sqrt{V^{*2} + \frac{2\Delta P_0}{\rho}} \times A_L \qquad 式（3.1－6）$$

A_{dmp}：圧力調整装置面積 [m²]
A_L：付室周りの流量係数を含む隙間量 [m²]
A_p：必要自然空気逃し口面積 [m²]
A_p^*：設計自然空気逃し口面積 [m²]
H：付室等の扉の高さ [m]
Q：付室等の給気量 [m³/s]
Q_1：付室等の排出風量 [m³/s]
Q_2：付室等の隙間漏気量 [m³/s]
V：付室等の必要排出風速 [m/s]
V^*：設計排出風速 [m/s]
V_e：機械式空気逃し風量 [m³/s]
α：付室扉40cm開放時の流量係数 [－]
ρ：空気密度 [＝1.2kg/m³]
ΔP_0：空気逃し口前後差圧 [＝19.6Pa]

図3.1－3　付室給気量の算定

第3章　加圧防排煙方式の設計例

　扉の開放部分の排出風量は付室等⇒隣接室⇒外気にいたる流路の合成抵抗と付室−外気間の差圧にて決定されるため、設計対象物の躯体隙間量を把握することは重要である。空気逃し口を機械方式とした場合は排煙機能力や風道サイズにより隣接室−外気間の圧力や抵抗を制御できるが、空気逃し口が自然方式の場合は排出風量に対する躯体隙間の影響は大きいので特に注意が必要である。

　建築躯体の隙間量については、測定事例が少なく信頼性の高いデータも少ない。隙間量は建物構造体（S造，SRC造，RC造等）や施工精度によっても大きな差異が生じるものと考えられ、今後の測定や研究報告が待たれるところであるが、設計時点においては表3．1−1の値を用いることが考えられる。あるいは「避難安全検証法の解説と計算例とその解説」[1]に記載されている「床面積当り平均隙間面積0.002（m^2/m^2）」を採用し、その値に各扉の状態に沿った隙間量を加算することも考えられる。いずれにせよ、竣工時の性能検証時に隙間量を測定し確認することが重要である。

表3．1−1　各部位の流量係数[2]

部　　　位	流量係数
開 放 時 の 扉	0.6　　～　0.7
閉 鎖 時 の 扉	0.004　～　0.007
エレベーター扉	0.008　～　0.014
外　　　　　壁	0.00008 ～ 0.0016

注）上表の流量係数は部位前後差圧と流量より算出される有効開口面積αA「m^2」を部位の見付面積A'「m^2」で除した$\alpha A/A'$より求めた実測値。

　なお、ここでは、40（cm）開放した遮煙開口部と、付室に存在する隙間から流出する流量のみを算入している。つまり、階段扉や圧力調整装置は閉鎖していることを前提としている。したがって、階段室扉にラッチがなく付室に給気すると扉が開いてしまう場合や、遮煙開口部が開放されても圧力調整装置が閉鎖しない場合には、そこからの漏気も加算する必要がある。

3.1.4　空気逃し口の設計

以下に、加圧防排煙方式の空気逃し口の目的を述べる。
① 付室−隣室間の必要差圧を確保するために付室から外部に繋がる空気の流路を確保すること。
② 煙に汚染される可能性のある隣室の圧力上昇を押さえ、他の室、特にエレベーターシャフト等の竪穴への漏煙を抑制すること。

　これらの目的を達成するために、隣接室あるいは一般室あるいは隣接室と一般室の両方に空気逃し口を設ける必要がある。この空気逃し口には自然方式あるいは機械方式の2種類がある。

3.1 加圧防排煙方式の設計法

(1) 自然方式の空気逃し口

自然方式の空気逃し口の場合、本告示の第2第四号ロに「直接外気に接すること」とある。空気逃し口の必要開口面積は開口面積Aに流量係数αを乗じた有効開口面積αAで評価する必要がある。表3.1-2に窓形状の場合の流量係数の例を示す。

表3.1-2 排煙口、給気口の有効開口面積比[1]

図	L/W	θ=20°	θ=30°	θ=45°	θ=60°	θ=90°
窓の幅 W	~1.0	0.6	0.7	0.8	0.9	1.0
	~2.0	0.4	0.55	0.7	0.8	0.9
	∞	0.4	0.5	0.7	0.8	0.9
	~1.0	0.45	0.6	0.75	0.8	0.9
	~2.0	0.4	0.55	0.7	0.8	0.9
	∞	0.35	0.5	0.65	0.8	0.9
	~1.0	0.3	0.4	0.65	0.8	0.9
	∞	0.25	0.4	0.6	0.8	0.9

実際の流量係数は上表に0.7を掛けたものとなる。

空気逃し口が窓形状ではなく、隣接室あるいは一般室と外気を風道等にて接続する場合、「火災の進展によりダンパーが閉鎖し、空気逃し口が閉鎖されること」及び「外気までの風道内抵抗が原因で隣接室あるいは一般室の圧力が上昇すること」が懸念される。前者の対策としては、空気逃し口設置室と外気の間をダンパーのない専用の耐火構造の風道，躯体シャフト，ドライエリアなどで結ぶことが考えられる。その場合、空気逃し口の外気開放部分は煙の再吸入や隣接建物からの延焼のおそれの少ない部分に設けることが原則である。後者の対策としては、風道内の摩擦抵抗と風道の出入口間で生じる局部抵抗を考慮して空気逃し口の有効開口面積$\alpha_p A$を算出する必要がある。空気逃し口に風道を用いた場合の有効開口面積$\alpha_p A$の求め方は、原則、空調風道等の抵抗計算と同じである。

風道内の全抵抗ΔP_Tは

$$\Delta P_T = \Delta P_L + \Delta P_C + \Delta P_D + \Delta P_I + \Delta P_O$$
$$= \lambda \frac{L}{d} \cdot \frac{\rho V_1^2}{2} + n_C \zeta_C K_\Theta \frac{\rho V_2^2}{2} + n_D \zeta_D \frac{\rho V_3^2}{2} + B_I \zeta_I \frac{\rho V_4^2}{2} + B_O \zeta_O \frac{\rho V_5^2}{2} \quad 式(3.1-7)$$

また

$$\Delta P_T = \frac{\rho V^2}{2} = \frac{\rho \left(\dfrac{Q}{\alpha_p A}\right)^2}{2} \quad 式(3.1-8)$$

より

$$\alpha_p A = Q\sqrt{\frac{\rho}{2\Delta P_T}} \qquad 式(3.1-9)$$

となり、風道の有効開口面積$\alpha_p A$を求めるためには全抵抗ΔP_Tを求める必要があるが、単純化のため、風道の断面積Aに変化がなく、$V_1 \sim V_5 = V$とすると

$$\Sigma\zeta = \lambda(L/d) + n_C\zeta_C K_\Theta + n_D\zeta_D + B_I\zeta_I + B_O\zeta_O \qquad 式(3.1-10)$$

と表され、

$$\alpha_p = \frac{1}{\sqrt{\Sigma\zeta}} \qquad 式(3.1-11)$$

と考えることができる。

ΔP_T ：風道の全圧損失[Pa]
ΔP_C ：風道の曲部での圧力損失[Pa]
ΔP_D ：風道のダンパー部分での圧力損失[Pa]
ΔP_I ：吸込口の圧力損失[Pa]
ΔP_O ：排出口の圧力損失[Pa]
λ ：風道の摩擦係数[−]
L ：風道長さ[m]
d ：円ダクト換算での風道内径[m]
n_C ：曲部の個数[−]
n_D ：ダンパーの個数[−]
B_I ：吸込口の開口率[−]
B_O ：排出口の開口率[−]
K_Θ ：曲部の角度補正係数[−]
ζ ：局部の全圧損失係数[−]
V ：風速[m/s]
ρ ：空気密度[kg/m^3]
α_p ：風道の総合流量係数[−]

空気逃し口に円形風道を用いた場合の、風道長と総合流量係数αの計算結果を図3.1−4に示す。風道長が同じなら風道の直径が大きいほど総合流量係数は大きくなる。

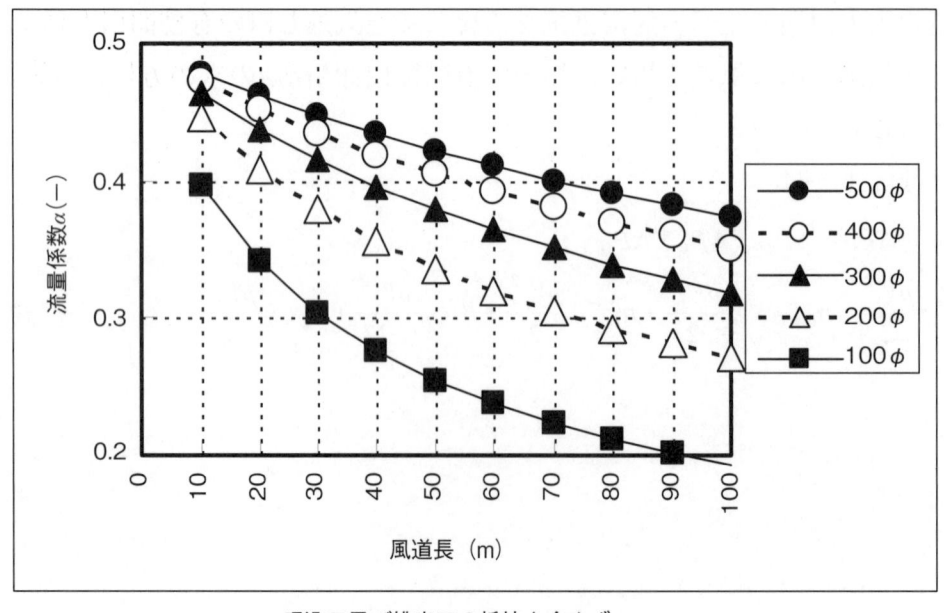

吸込口及び排出口の抵抗を含まず

図3.1−4 風道長と流量係数α（風道の曲がり5箇所）[3]

3.1 加圧防排煙方式の設計法

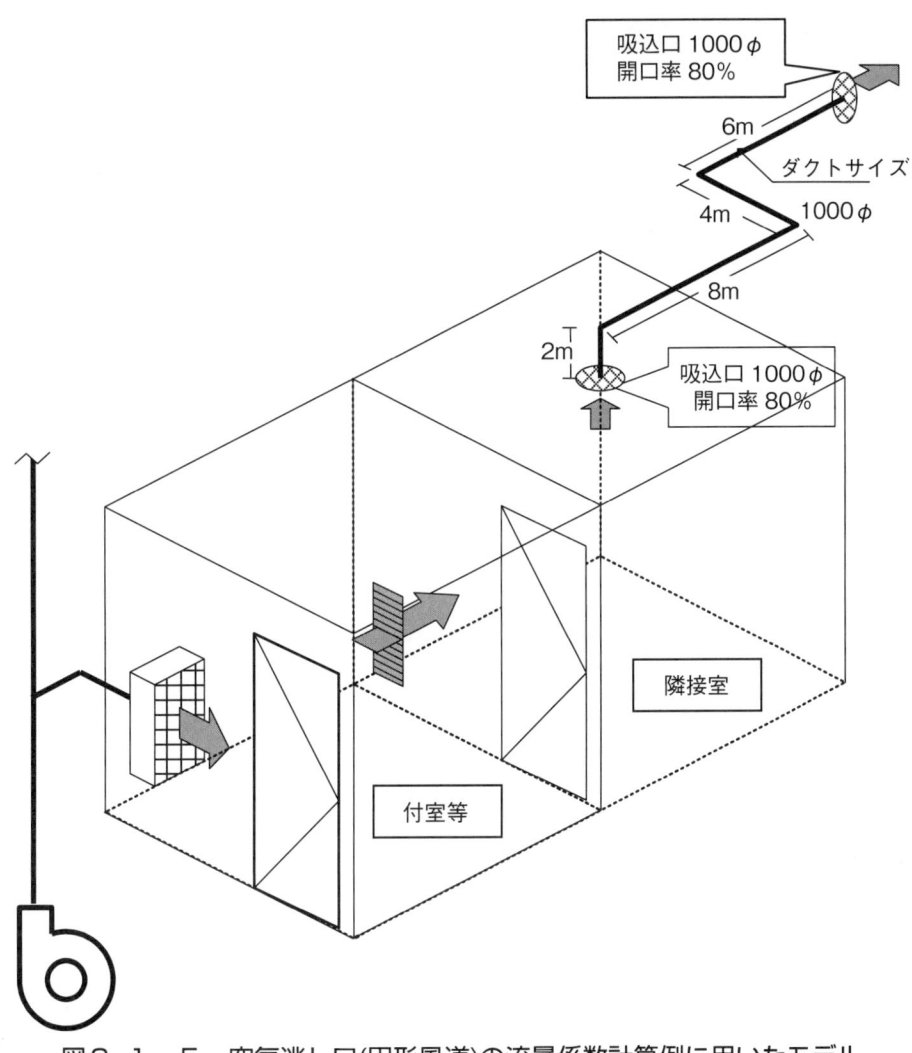

図3.1-5 空気逃し口(円形風道)の流量係数計算例に用いたモデル

円形ダクトを空気逃し口として使用する場合の流量係数計算例

前提条件

風量		360	m³/min×	1
円ダクトの内径	$d=$	1.00	φm ×	1 本
空気温度	$t=$	20.00	℃	
空気密度	$\rho=$	1.205	kg/m³	
絶対粗度	$\varepsilon=$	0.00018	m	
風速	$v=$	7.643	m/s	
粘性係数	$\mu=$	1.82E-05	Pa·s	
動粘性係数	$\nu=$	μ/ρ		
			$=$ 1.51E-05	m²/s
レイノルズ数	$Re=$	vd/ν	$=$ 504,953	

1) 直管部

ダクト総延長	$L=$	20 m	
摩擦係数	$\lambda=$	$1/(1.14-2.0\log_{10}(\varepsilon/d))^2$ ニクラゼの式	
	$=$	0.0134287	
直管部の圧力損失係数	$\zeta_L=$	$\lambda(L/d)$	ダルシー・ワイズバッハの式
	$=$	0.3	

2) 曲管部

曲りの個数	$n=$	3 個	
曲り角度	$\theta=$	90 度	
曲りの曲率半径	$r=$	1.0 m	
局部損失係数	$\zeta'=$	0.22	
角度補正係数	$K_\theta=$	1.0	
曲管部の全圧損失係数	$=$	$n\zeta K_\theta$	$=$ 0.7

3) ダンパー類

ダンパー類の数	$n=$	1 個	
角度	$\theta=$	0 度	
局部損失係数	$\zeta=$	0.19	
曲管部の全圧損失係数	$=$	$n\zeta$	$=$ 0.2

4) 吐出口

吐出内径	$d_O=$	1.00 φm	
有効開口率	$n=$	80 %	
開先拡大角度	$\theta_O=$	0.0 度	0 ラジアン
断面比	$\pi(d/2)^2/\pi(d_O/2)^2=$	1.00	
開先拡大局部損失係数	$\zeta_1=$	0.00	
吐出面局部損失係数	$\zeta_2=$	1.58	
吐出口の圧力損失係数	$\zeta_O=$	$\zeta_1+\zeta_2(\pi((d/2)^2/\pi(d_O/2)^2)^2$	$=$ 1.6

5) 吸込口

吸込内径	$d_I=$	1.00 φm	
有効開口率	$n=$	80 %	
開先拡大角度	$\theta_I=$	0.0 度	0 ラジアン
断面比	$\pi(d_I/2)^2/\pi(d/2)^2=$	1.0	
吸込風速	$v_I=$	7.6 m/s	
開先拡大局部損失係数	$\zeta_1=$	0.00	
吸込面局部損失係数	$\zeta_2=$	1.20	
吸込口の圧力損失係数	$\zeta_I=$	$(\zeta_1+\zeta_2)(\pi((d/2)^2/\pi(d_O/2)^2)^2$	$=$ 1.2

6) 全圧損失の総計

1)+2)+3)+4)+5)	$=$	3.9
流量係数	$\alpha=$	$1/\sqrt{\sum\zeta}$ $=$ 0.506

3.1 加圧防排煙方式の設計法

本告示に示す空気逃し口の必要面積A_pは以下の式である。

$$A_p = (V^* \times H - V_e) / 7 \qquad 式（3.1-12）$$

ここで、A_pは流量係数が0.7（矩形の完全開口部）の場合の実開口面積である。

自然式空気逃し口が風道等の場合、式（3.1-13）のα_{p-real}を用いて実開口面積A_{p-real}を下式で求める。

$$A_{p-real} = \{(V^* \times H - V_e) / 7\} \times (0.7 / \alpha_{p-real}) \qquad 式（3.1-13）$$

空気逃し口が自然方式のみの場合、上式で$V_e = 0$となる。

- A_p ：空気逃し口面積[m²]
- A_{p-real} ：空気逃し口実開口面積[m²]
- H ：付室等の扉高さ[m]
- V^* ：設計排出風速[m/s]
- V ：機械方式の空気逃し風量[m/s]
- α_{p-real} ：空気逃し口の流量係数[－]

(2) 機械方式の空気逃し口

空気逃し口を設置した隣接室や一般室にも排煙設備を設置する必要があるが、空気逃し口と排煙設備を兼用することが可能である。機械方式の空気逃し口の仕様は機械排煙設備とほぼ同じである。しかし、火災の進展に伴い空気逃し口を設置した室の温度が上昇した場合であっても、空気逃し口は稼動し続ける必要があるため、防火ダンパーの設置は不可であり、空気逃し口の風道も耐火性能が要求される。また、風量も機械排煙と空気逃し口の風量の両者の規定を同時に満足する必要がある。図3.1-6に排煙機と竪風道を機械排煙と併用する空気逃し口の例を示す。

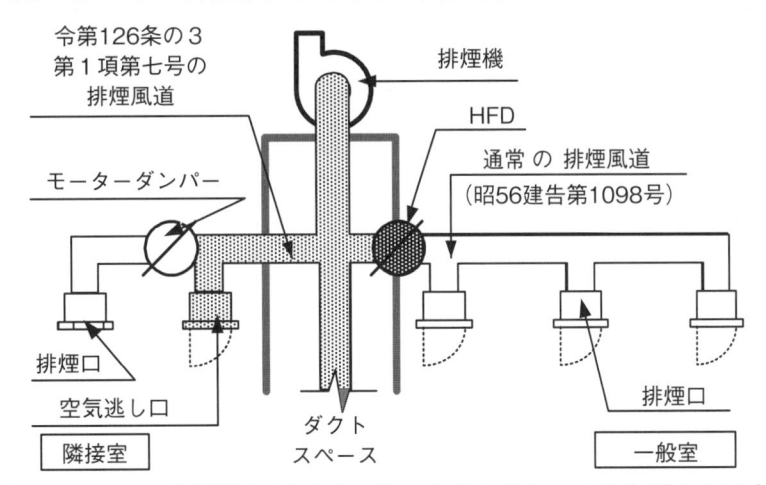

図3.1-6 排煙機と竪風道を機械排煙と併用する空気逃し口の例

機械方式の場合、式（3.1-12）で$A_p \leq 0$となるように機械方式の風量V_eを

$$V_e \geq V^* \times H \qquad 式（3.1-14）$$

とすれば機械方式のみで空気逃し口の条件が成立するが、それが機械方式のみで空気逃し口の条件を満たすことが困難な場合、式（3.1-12）により空気逃し口面積を確保しなければならない。機械方式と併用される自然方式の空気逃し口の流量係数が0.7（矩形の完全開口部）以外の

場合、空気逃し口の流量係数α_pを求めて式（3.1-13）より実開口面積A_{p-real}を確保しなければならない。

3.1.5　圧力調整装置の設計

　圧力調整装置の目的は、扉の閉鎖時に付室内の空気を隣接室方向に開放し、付室の圧力上昇による扉の開放障害を防止することにある。一般的には、扉が開放されて付室内圧力が低い時点では圧力調整装置は閉鎖状態となり、扉が閉鎖されて付室内圧力が上昇した場合のみ圧力調整装置が開放状態となることが防火防煙上からも、付室給気量を削減する意味でも有利であるため、ダクト内の圧力上昇防止に用いられる差圧ダンパーや圧力制御用ダンパーを圧力調整装置として用いることが望ましい。

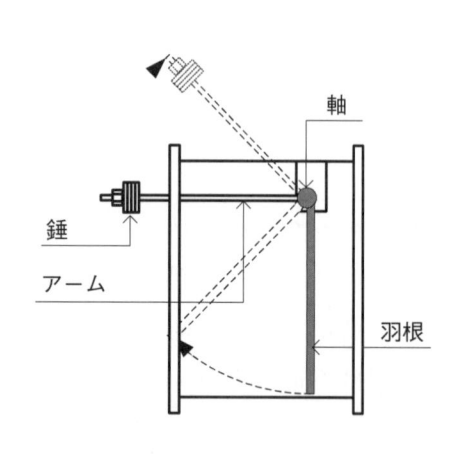

図3.1-7　差圧ダンパーの断面例 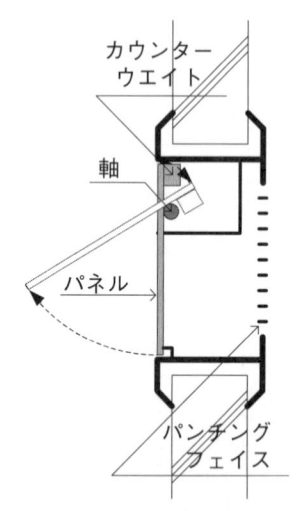　　　　図3.1-8　圧力制御ダンパーの断面例

　図3.1-7に差圧ダンパーの例、図3.1-8に圧力制御用ダンパーの例を示す。この例の差圧ダンパーはアーム長さと錘の重さで、圧力制御用ダンパーはカウンターウエイトの重さで設計差圧に調整する。

　本告示に示す圧力調整装置の必要面積A_{dmp}は以下の式である。

$$A_{dmp} = 0.04 \times V^* \times H \qquad 式（3.1-15）$$

ここで、A_{dmp}は流量係数が0.7（矩形の完全開口部）の場合の実開口面積である。

　流量係数が0.7ではない場合には、その流量係数を$\alpha_{dmp-real}$として、実開口面積$A_{dmp-real}$を下記で求める。

$$A_{dmp-real} = 0.04 \times V^* \times H \times (0.7 / \alpha_{dmp-real}) \qquad 式（3.1-16）$$

　　　　A_{dmp}　　　　：圧力調整装置面積[m²]
　　　　$A_{dmp-real}$　：圧力調整装置実開口面積[m²]
　　　　H　　　　　　：付室等の扉高さ[m]
　　　　V^*　　　　　：設計排出風速[m/s]
　　　　$\alpha_{dmp-real}$　：圧力調整装置の流量係数[－]

　この圧力調整装置は、煙層を乱さないために最低限天井面から80（cm）を超える距離を離さ

なければならない。

　また、式（3.1-15）及び式（3.1-16）によらずに、実際の扉の開放力が100（N）以下になるように圧力調整装置を設けることも可能である。扉の前後の差圧から、扉の開放力は下式で得られる。

$$F = \frac{M + A_1 \times \Delta P \times \frac{B}{2}}{d}$$ 式（3.1-17）

A_1 ：扉面積[m²]
B ：扉幅[m]
F ：扉の開放力[N]
M ：ドアクローザーモーメント[N·m]
d ：ドアノブとヒンジの距離[m]
ΔP ：扉の前後差圧[Pa]

　仮にドアクローザモーメント$M=40$（N·m）、扉の面積$A=2$（m²）、扉の幅$B=1$（m）、ドアノブとヒンジの距離$d=1$（m）、開放力を最大100（N）を上式（3.1-17）に代入すると、差圧は60（Pa）以下であることが求められる。ここで、ドアクローザーモーメントMは製品によって大きく異なるため、設計時あるいは施工前にメーカーに確認する必要がある。

3.1.6　空気逃し口に関する設計時の留意点

　本告示の空気逃し口に関する規定は、空気逃し口設置室の空気温度が800（℃）の前提であるため、検査時の常温状態では空気流路や室内圧力が本告示の想定とは異なる可能性がある。また、火災時にも常温から火災盛期に至る間の空気温度の変化に伴い、圧力や空気流路が大きく変化すると考えられる。ここでは、図3.1-1の手順により給気風量や空気逃し口を想定したモデル建物を対象に、常温から火災盛期に至る間の圧力と空気流路の変化とその影響度合いを確認する。

(1)　モデル建物の概要

　図3.1-9に圧力検討のための付室と隣室（廊下）を想定化した簡易モデルを示す。この検討モデルでは、空気逃し口を自然方式（Case 1）、自然方式＋機械方式（Case 2）、機械方式（Case 3）の3方式を設定し、それぞれ、ここでは、図3.1-1の手順により給気風量や空気逃し口を想定した（表3.1-3）。

第3章 加圧防排煙方式の設計例

図3.1-9 簡易検討モデルの概要

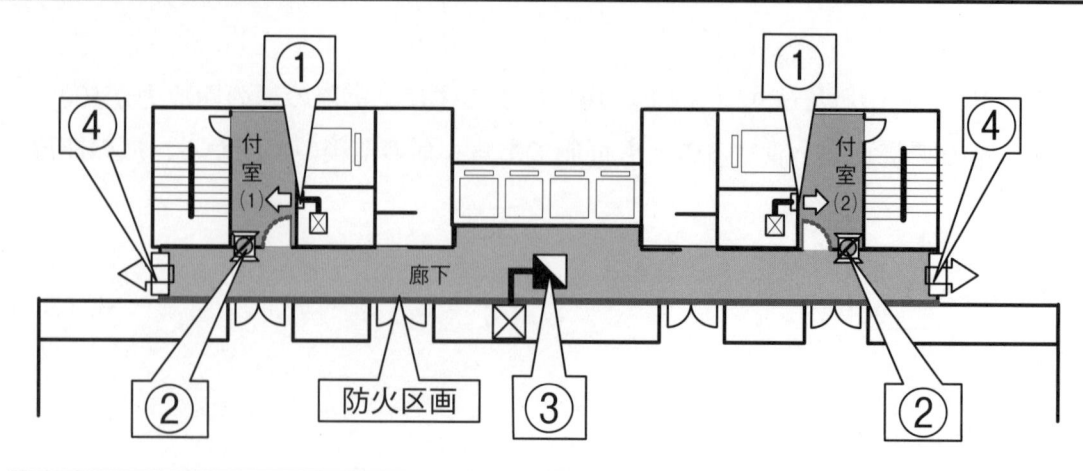

室名	面積(m²)	対象扉寸法 幅(m)	対象扉寸法 高さ(m)	階段扉寸法 幅(m)	階段扉寸法 高さ(m)	EV扉寸法 幅(m)	EV扉寸法 高さ(m)	隙間面積(m²)
付室(1)	20	0.9	2.1	0.9	2.1	0.9	2.1	0.100
付室(2)	20	0.9	2.1	0.9	2.1	0.9	2.1	0.100

	面積(m²)	幅(m)	高さ(m)	箇所数	隙間
居室扉	100	0.8	2.1	8	0.200m²

表3.1-3 検討Case一覧表

Case	①給気量(m³/h) 付室(1)	①給気量(m³/h) 付室(2)	②圧力調整装置(m²) 付室(1)	②圧力調整装置(m²) 付室(2)	③排煙量(m³/h) 火災室	④空気逃し口面積(m²) 火災室
1	11,685	11,685	0.46	0.46	0	2.71
2	11,685	11,685	0.46	0.46	50,000	0.63
3	11,685	11,685	0.46	0.46	70,000	0.00

(2) 簡易検討モデルと検討ケース

簡易検討モデルは、隣室空気温度と付室・隣室の圧力の関係を確認するために、以下の式を満たす条件を計算した。

$$\left. \begin{aligned} &m = \rho Q, \quad m_1 = \rho Q_1, \quad m_2 = \rho Q_2, \quad m_e = \rho V_e, \quad m_p = \rho Q_p, \\ &m = m_1 + m_2, \quad m_2 = m_1 - m_p, \quad \Delta P_2 = \Delta P_1 + \Delta P_3 \\ &\Delta P_1 = \frac{\rho \left(\frac{Q_1}{A^*_{dmp}}\right)^2}{2}, \quad \Delta P_2 = \frac{\rho \left(\frac{Q_2}{A_L}\right)^2}{2}, \quad \Delta P_3 = \frac{\rho \left(\frac{Q_p}{A_{LC} + A_p}\right)^2}{2} \end{aligned} \right\} \text{式 (3.1-18)}$$

ここで

A_L	：付室周り隙間量 [m²]
A_{LC}	：廊下周り隙間量 [m²]
A_p	：必要自然空気逃し口面積 [m²]
A^*_{dmp}	：圧力調整装置面積＋付室扉隙間面積 [m²]
m, Q	：付室給気量 [kg/s, m³/s]
m_1, Q_1	：付室－廊下の排出風量 [kg/s, m³/s]
m_2, Q_2	：付室－外気の漏気量 [kg/s, m³/s]
m_e, V_e	：機械方式空気逃し風量 [kg/s, m³/s]
m_p, Q_p	：廊下－外気の漏気量＋自然方式空気逃し風量 [kg/s, m³/s]
ρ	：空気密度 [kg/m³]
ΔP_1	：付室－廊下間の差圧 [Pa]
ΔP_2	：付室－外気間の差圧 [Pa]
ΔP_3	：廊下－外気間の差圧 [Pa]

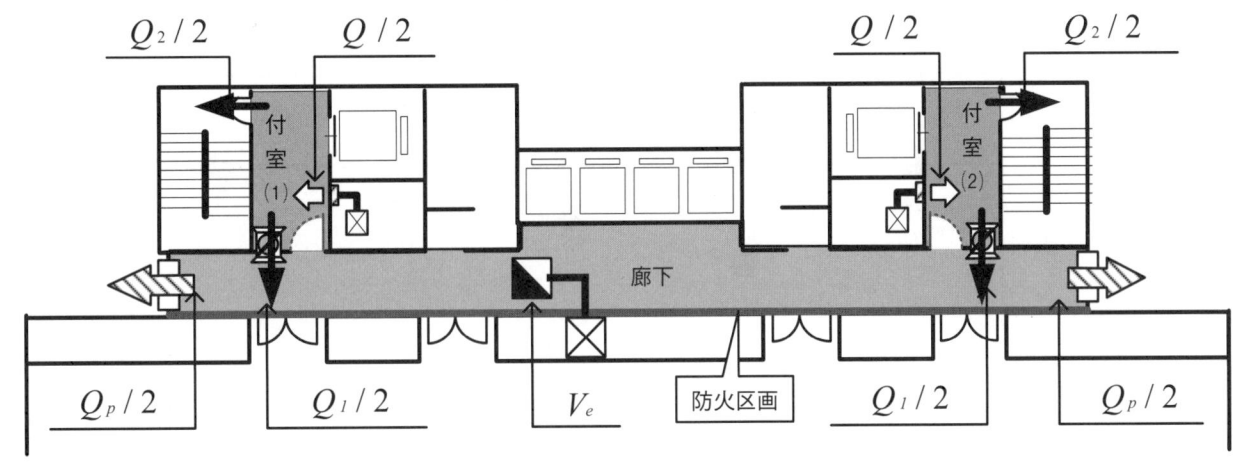

図3.1－10　空気流路の簡易モデル

(3) 簡易検討結果

図3.1－11を見ると、機械方式（Case 3）の常温（20℃）時に、圧力分布が、外気＞付室＞隣室となり、かつ、付室が外気に比べて200（Pa）以上負圧となるため、付室－階段間扉で開放障害が生じる可能性が高いことがわかる。また、図3.1－11と図3.1－12を比べると、隣接室が付室に比べて150（Pa）程度の負圧となるため、隣接室－付室間扉も開放障害が生じる可能性が高い。機械方式を採用する場合には、隣接室に給気口を設けるか、あるいは自然方式を併用することで扉の開放障害を防止することが可能である。

第3章 加圧防排煙方式の設計例

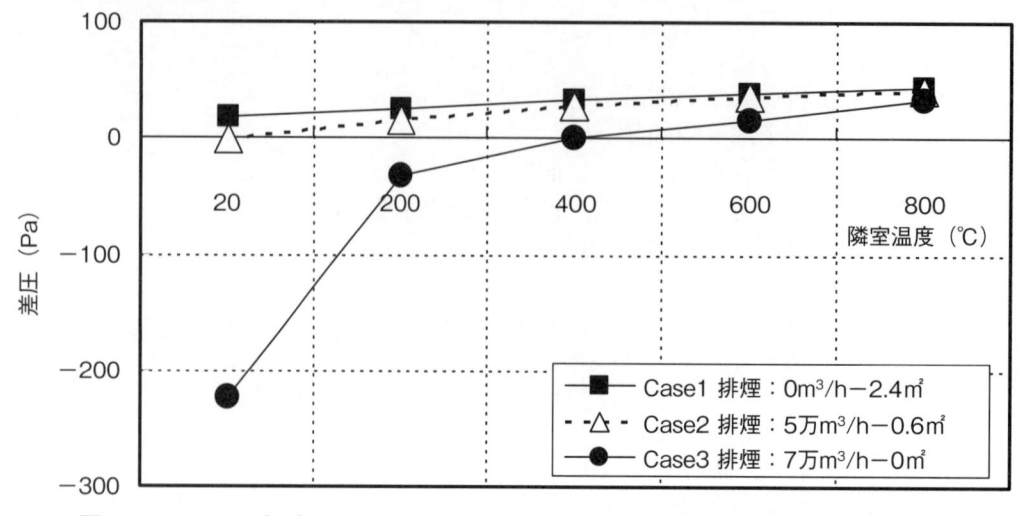

図3.1-11 各検討ケースの隣室温度変化に伴う付室－外気間の差圧変化

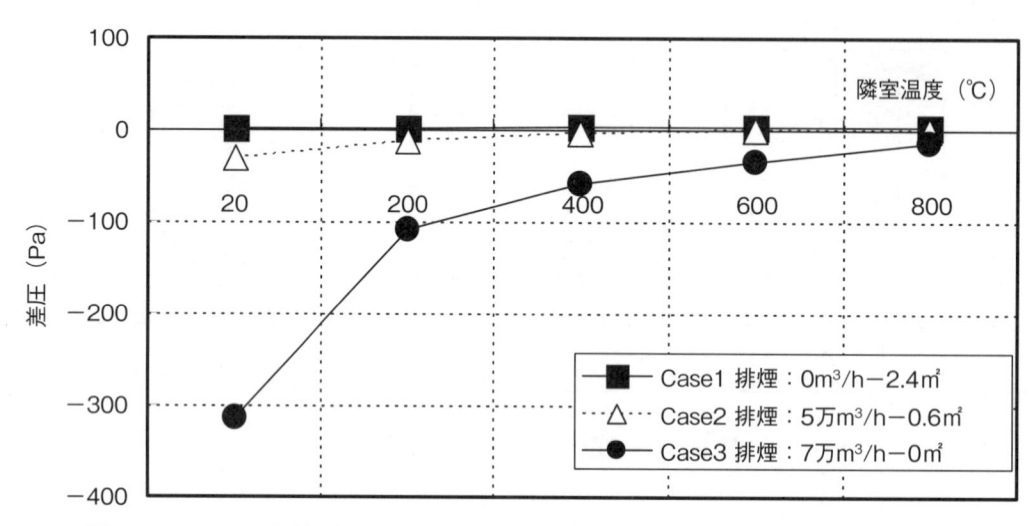

図3.1-12 各検討ケースの隣室温度変化に伴う隣室－外気間の差圧変化

図3.1-13a) 自然方式＋機械方式（Case2） 常温時の空気流出入状況

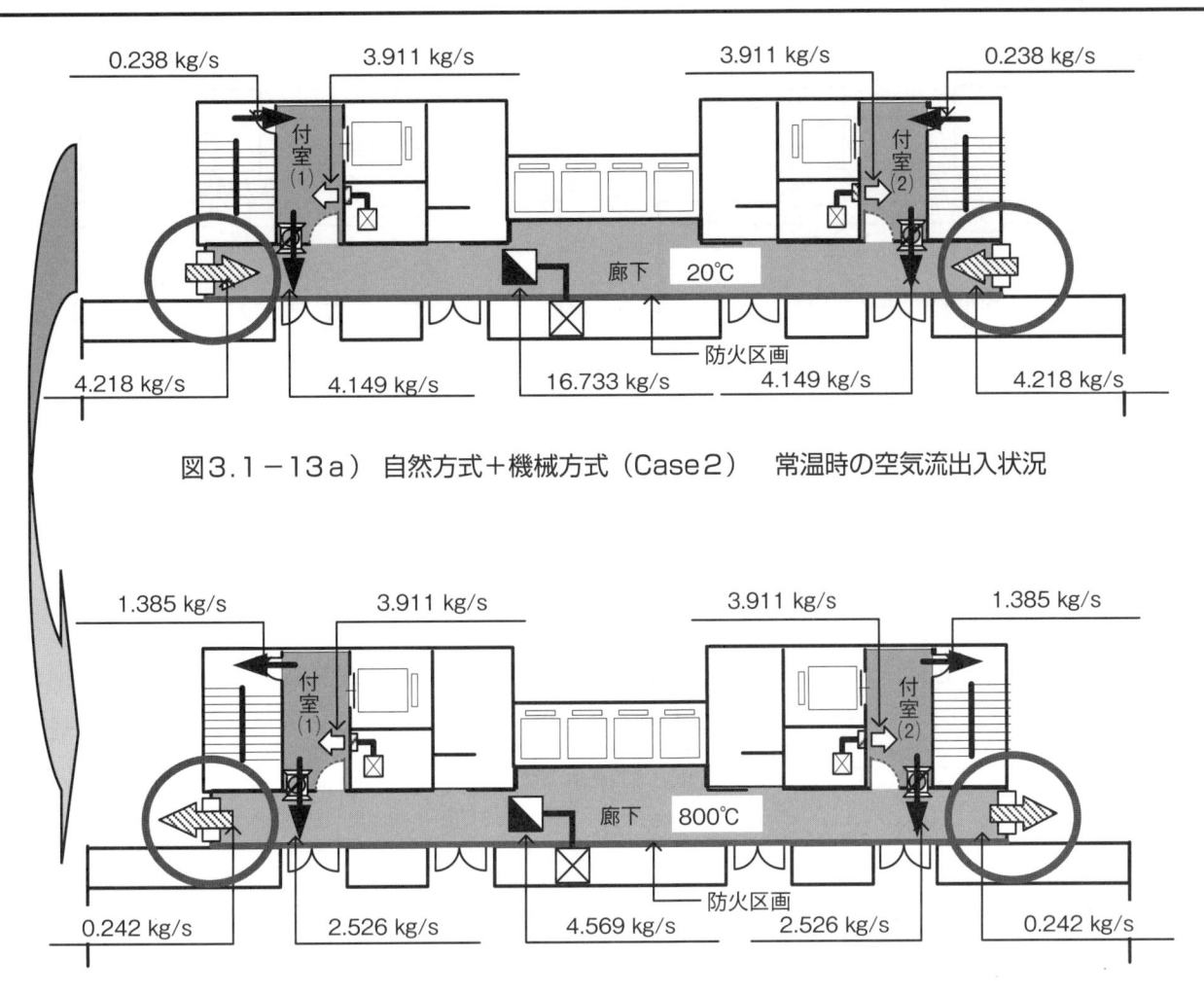

図3.1-13b) 自然方式＋機械方式（Case2） 800℃時の空気流出入状況

　図3.1-13a）に自然方式＋機械方式（Case2）の常温時の空気流出入状況を、図3.1-13b）に800（℃）時の空気流出入状況を示す。常温時には自然方式の空気逃し口が隣接室の給気口として機能していることが分かる。

　前述のように、本告示の規定（特に式（3.1-12）、（3.1-13）、（3.1-14））は空気逃し口設置室の空気温度が800（℃）（空気密度0.329kg/m³）が前提であるので、竣工検査時や火災初期などの空気温度が常温（20（℃）：空気密度1.2kg/m³）時にはシステム作動階で避難扉前後差圧が大きくなり、扉の開閉に障害が生じるおそれがある。機械方式を採用する場合には、部分的に自然方式の空気逃し方式を併用するか、又は、隣接室等には別途に給気口の設置を検討する必要がある。

(4) 空気逃し口に関するその他の留意事項

　シミュレーションは省略するが、空気逃し口の位置については以下に留意する必要がある。

① 一般室にのみ空気逃し口を設ける場合、一般室の気密性が高いと隣接室と一般室間の扉で開閉障害が生じる。それを防止するためには、隣接室にも空気逃し口を設けることや一般室の扉の開き勝手を検討する必要がある（図3.1-14）。

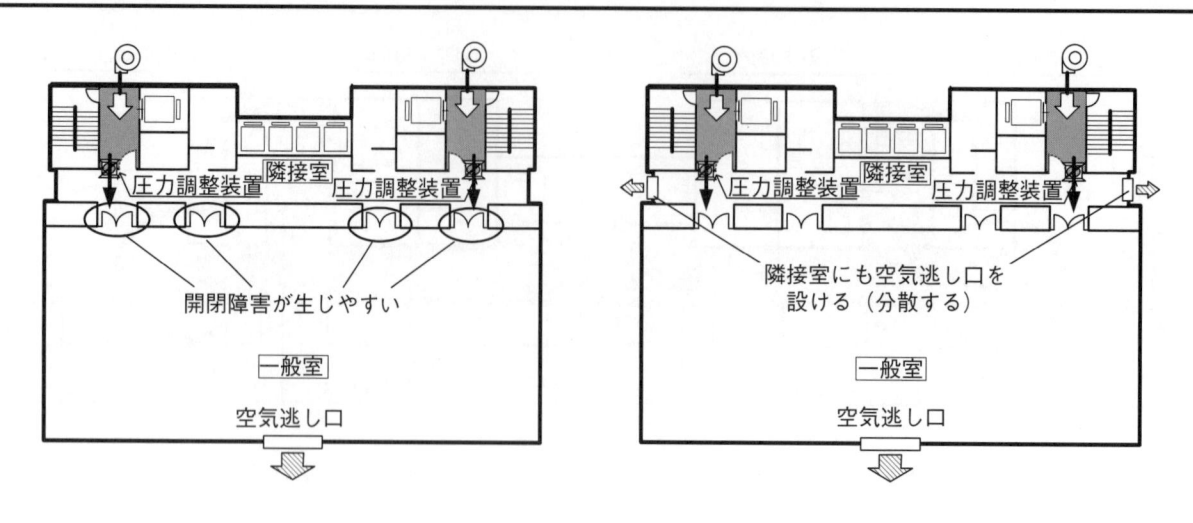

第3章　加圧防排煙方式の設計例

（1）問題点　　　　　　　　　　　　　　　（2）改善案
図3.1-14　一般室にのみ空気逃し口を設けた場合の問題点と改善案

② 隣接室に空気逃し口を設け一般室に機械排煙を設けた場合、加圧防排煙と機械排煙を同時に作動させると隣接室－一般室間の扉で開閉障害が生じる。それを防止するためには、一般室内に給気口を設けるなどして、加圧防排煙と機械排煙が相互に影響しないように工夫をする必要がある（図3.1-14）。

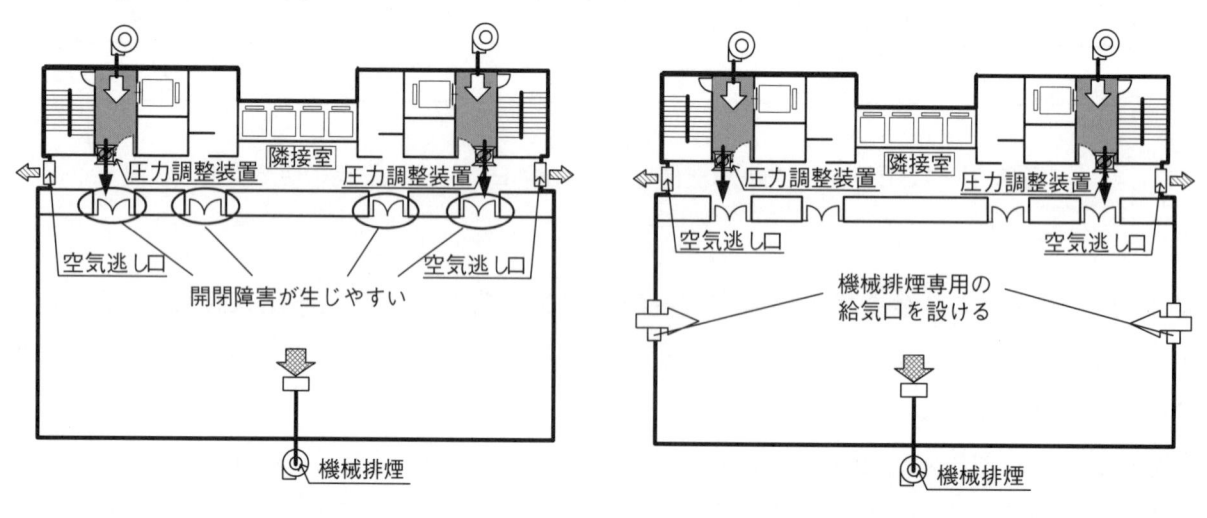

（1）問題点　　　　　　　　　　　　　　　（2）改善案
図3.1-15　隣接室に空気逃し口、一般室に機械排煙を設けた場合の問題点と改善策

3.1.7　その他の設計上の留意点

(1) 外気取入口
　① 煙の再吸入を防止するために、原則、建物の低層階に設けること。
　② 排煙口や給排気口から十分な距離を保つこと。

(2) 給気ファン
　① 建物の正確な隙間量の予測が困難であるために、給気ファン容量は余裕をもって選定し、

3.1 加圧防排煙方式の設計法

インバーター等の風量調整装置を設けることが望ましい。

② 電源の施工基準等は、原則、排煙設備に準じること。

(3) 給気ダクト及び給気口

① 給気ダクト及び給気口は不燃材料とする。

② 煙の吸入を防止するために、ダクト内が負圧となる外気取入口－給気ファン間のダクトは火災のおそれのない場所に設けるか、火炎による脱落のない耐火ダクトとする。

③ 給気口は非火災階への漏気を最小限に抑えるために、気密性の高いダンパー方式等を採用することが望ましい。

④ 本マニュアルの加圧給気量の算定法は、加圧給気室－隣接室の静圧差で遮煙を達成するためのものであるため、給気口は給気室内が均等に加圧されるように吹出空気が拡散しやすい吹出口を選定する必要があるが、両室の扉位置での動圧で遮煙を達成しようとする計画の場合はこの限りではない。

(4) その他

① 空気逃し口を一般室に設ける場合、一般室内にさらに小部屋を設けると加圧給気の空気流路が十分確保されない可能性がある。空気逃し口を設けた一般室内に小部屋を設ける場合には、一般室全体を天井チャンバー方式とするのが望ましい（図3.1－16）。

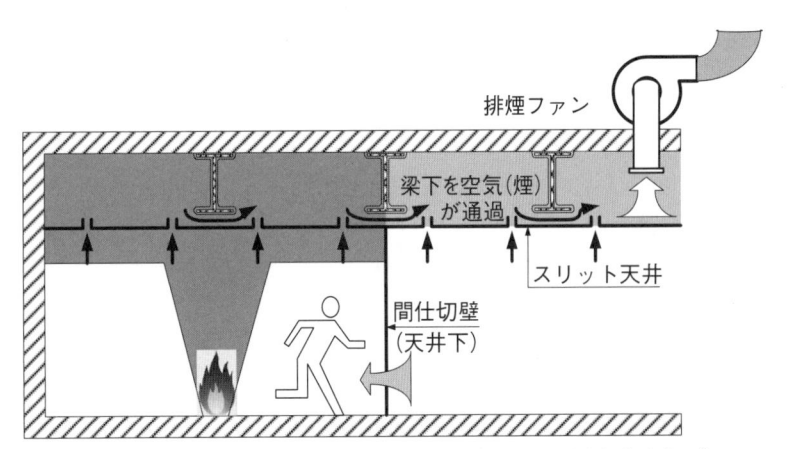

図3.1－16 天井チャンバー方式による小部屋の機械式空気逃し口の例

② 給気口や空気逃し口の開放状態が目視確認できない場合には、操作器に表示ランプ付のものを選択すること。

③ 消防法（平成21年消防庁告示第16号）が適用される建築物の加圧防排煙の設計を行う際には、扉の開放力、排煙風道の防火ダンパー等に注意する必要がある。

1）昭44建告第1728号及び昭45建告第1833号では、第2第四号ハ(2)(i)に規定された、圧力調整装置の必要開口面積を確保するか、あるいは、扉の開放力を100（N）以下とすることとなっている。しかし、平成21年消防庁告示第16号（以下、この項で消防庁告示という。）第3第五号(六)では、「出入り口に設けられた戸を解放するための力が100（N）を超えないための措置を講じること」と記載されているのみであるため、消防庁告示第16号が適用される建物に圧力調整装置を設ける場合は、圧力調整装置の開口面積を、建築基準法告示で定めた値より増やす等の措置が必要となることがある。

2）建築基準法告示第四号ロ(5)では、空気逃し口に直結される機械排煙風道には防火ダンパーを設けることはできないが、その他の風道に対しては防火ダンパーの制限はない。しかし、消防庁告示第3第二号㈡では、空気逃し口とするしないにかかわらず、1防煙区画には必ず防火ダンパー無しの風道による排煙口が必要となる。

参考文献

1）「避難安全検証法の解説及び計算例とその解説」
　　国土交通省住宅局建築指導課他編集、平成13年3月
2）「建築物の総合防火設計法　第1巻　総合防火設計法」
　　国土開発技術研究センター、平成元年4月
3）「空調兼用排煙設計マニュアル（案）」
　　㈳空気調和・衛生工学会　安全・防災委員会　火災安全小委員会、平成22年

3.2 ケーススタディ

　ケーススタディは、実在する建物を参考に建物の平面形状や隣接室の状況、空気逃し口の位置等を変化させ、なるべく具体的な形で計算例を示している。
　以下に各ケーススタディの特徴を示す。

①センターコア・片コア型1
　【一般室が大部屋で隣接室が防火区画されており、一般室に空気逃し口（機械）がある場合】
②センターコア・片コア型2
　【一般室が多数の小部屋で隣接室が不燃区画されており、一般室に空気逃し口（自然）がある場合】
③分散コア型1
　【付室が火災室に接し、複数の付室及び空気逃し口がある場合】
④分散コア型2
　【防火区画された廊下、複数の付室及び空気逃し口がある場合】
⑤中間コア型1
　【一般室が多数の小部屋で隣接室が防火区画されており、隣接室に空気逃し口（機械＋自然）がある場合】
⑥中間コア型2
　【一般室が多数の小部屋で隣接室が防火区画されており、一般室に空気逃し口（自然）がある場合】

第3章 加圧防排煙方式の設計例

表3.2-1 ケーススタディ一覧表

		平面形状		
		センターコア・片コア	ダブルコア・分散コア	中間コア
隣接室の状況	空気逃し口の位置			
		事務所、ホテル、共同住宅	事務所、病院、百貨店	ホテル、共同住宅
防火区画された廊下	一般室	①センターコア・片コア型1 ・付室2箇所同時給気 ・空気逃しは機械方式 （2箇所同時起動：天井チャンバー）	④分散コア型2 ・付室5箇所 （4箇所同時給気、1箇所は外気に開く窓） ・空気逃しは機械と自然方式の併用 （機械×2,自然×2すべて同時起動）	⑥中間コア型2 ・付室2箇所同時給気 ・空気逃し口はすべて自然方式 （33箇所すべて同時開放）
	一般室＋隣接室	✗	✗	✗
	隣接室	✗	✗	⑤中間コア型1 ・付室2箇所同時給気 ・空気逃しは機械と自然方式の併用 （機械×2,自然×2すべて同時起動）
不燃区画された廊下	一般室	②センターコア・片コア型2 ・付室2箇所同時給気 ・空気逃しは自然方式 （7箇所同時開放）	✗	✗
	一般室＋隣接室	✗	✗	✗
	隣接室	✗	✗	✗
火災の恐れがある一般室		✗	③分散コア型1 ・付室5箇所 （4箇所同時給気、1箇所は外気に開く窓） ・空気逃しは機械と自然方式の併用 （機械×2,自然×2すべて同時起動）	✗

3.2.1 センターコア・片コア型1

【一般室が大部屋で隣接室が防火区画されており、一般室に空気逃し口(機械)がある場合】

(1) システム概要及びエリアと防火区画の設定

概念図を図3.2-1、平面図と加圧防排煙の計画を図3.2-2に示す。2箇所の付室を同時に加圧給気しており、空気逃し口は機械方式で一般室を天井チャンバー方式（図3.1-16参照）としている。また、付室と一般室の間には防火区画された隣接室（廊下）を設けている。

表3.2-2 センターコア・片コア型1の加圧防排煙方式の概要

付　　室	空気逃し口	備　考
加圧給気室×2	機械方式 （天井チャンバー）	2室同時給気。天井チャンバー内は一般の排煙ダクトとした。

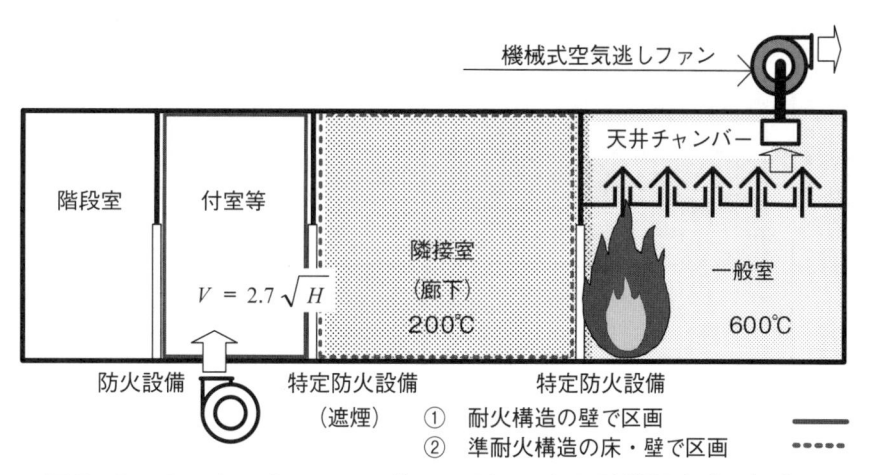

図3.2-1 センターコア・片コア型1の加圧防排煙方式の概念図

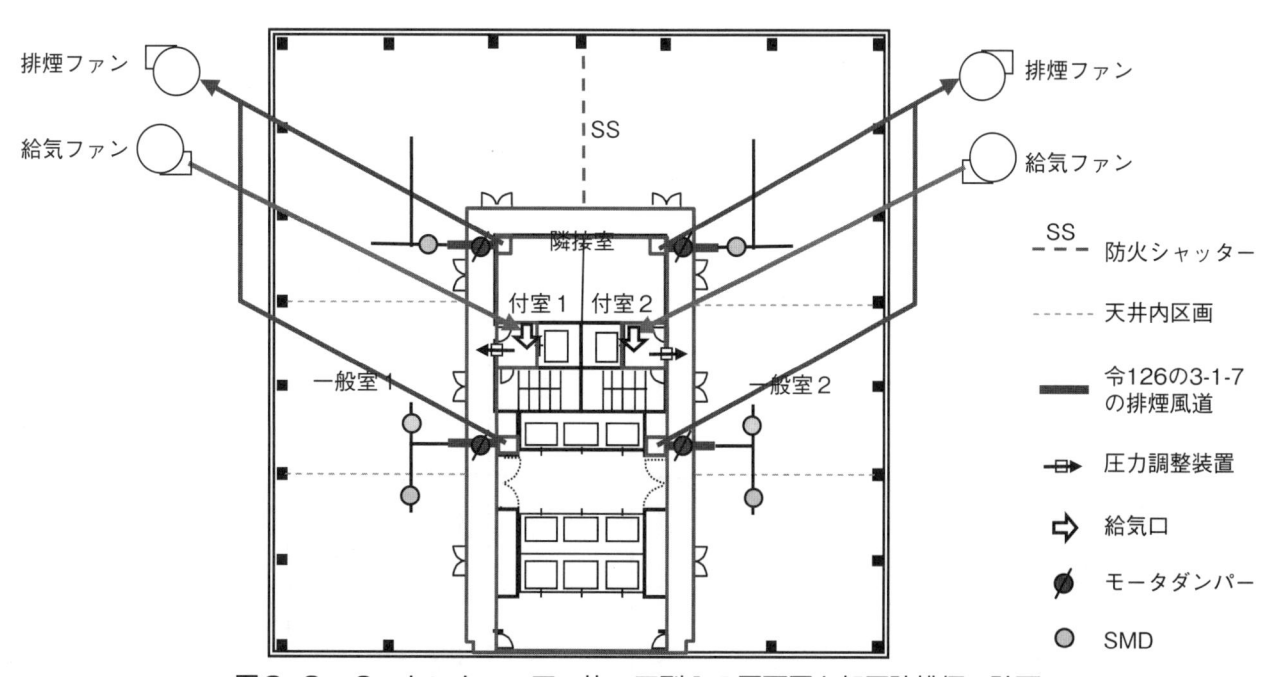

図3.2-2 センターコア・片コア型1の平面図と加圧防排煙の計画

第3章 加圧防排煙方式の設計例

表3.2-3 センターコア・片コア型1の付室廻りの条件

隙間の想定（状況に応じて設定する）		
床面積当たり	α_{floor}	0.001
壁面積当たり	α_{wall}	0.001
防火扉単位面積当たり	α_{door}	0.010
ELV扉単位面積当たり	α_{elv}	0.010

				告示で規定される条件	設計者が入力する条件
				付室兼非ELVロビー1	付室兼非ELVロビー2
隣接室の区画の性状 (防火区画された廊下等=1、不燃区画された廊下等=2、その他=3)				1 防火区画された廊下等	1 防火区画された廊下等
付室	床面積 A_{floor}		m²	15.0	15.0
	A_{wall}		m²	40.0	40.0
	高さ H		m	2.10	2.10
遮煙開口部の扉	幅		m	0.90	0.90
	面積 A_{door1}		m²	1.89	1.89
	高さ		m	2.10	2.10
階段室への扉	幅		m	0.90	0.90
	面積 A_{door2}		m²	1.89	1.89
	高さ		m	2.50	2.50
ELV扉	幅		m	1.00	1.00
	面積 A_{elv}		m²	2.50	2.50
隙間量 (流量係数 α を含む)	床周り $\alpha_{floor} \times A_{floor}$		m²	0.015	0.015
	壁周り $\alpha_{wall} \times A_{wall}$		m²	0.040	0.040
	防火扉周り $\Sigma (\alpha_{door} \times A_{door})$		m²	0.038	0.038
	ELV扉周り $\alpha_{elv} \times A_{elv}$		m²	0.025	0.025
	隙間合計 $A_{leak} = \Sigma \alpha A$		m²	0.118	0.118
遮煙開口部の想定開口面積（流量係数を含む）	$\alpha \times 0.4 \sqrt{H}$		m²	0.588	0.588
ハ(1) 遮煙開口部における必要排出風速 $(2.7\sqrt{H}, 3.3\sqrt{H}, 3.8\sqrt{H})$ V			m/s	3.91	3.91
割増率			%	10	10
遮煙開口部における排出風速（設計値） V^*			m/s	4.30	4.30
判定 $V < V^*$ か				OK	OK

← 設計者が決定
← 必要以上に多くすると、扉の開放障害を生じさせることになる

60

(2) 排出風量の設定

隣接室が防火区画されているため、

$$V = 2.7 \times \sqrt{H} = 2.7 \times \sqrt{2.1} = 3.91 \quad [\text{m/s}]$$

排出風速は部屋形状等により偏流等の影響を考慮する必要があり、割増率10％を見込むとすると、

$$V^* = V \times 1.1 = 4.30 \quad [\text{m/s}]$$

となる。

ここで、

H	：付室等の扉高さ(m)	（表3．2－3参照）
V	：付室等の必要排出風速(m/s)	（表3．2－3参照）
V^*	：付室等の設計排出風速(m/s)	（表3．2－3参照）

(3) 給気風量の算定

扉の開放部分の排出風量は本告示で常温時の扉の開放幅を40（cm）と定めているため、

$$Q_1 = \alpha \times 0.4 \times V^* \times H = 0.7 \times 0.4 \times 4.30 \times 2.1 = 2.528 \quad (\text{m}^3/\text{s})$$

また、付室内各部からの漏気量は

$$Q_2 = \sqrt{V^{*2} + \frac{2\Delta P_O}{\rho}} \times A_L = \sqrt{4.30^2 + \frac{2 \times 19.6}{1.2}} \times 0.118 = 0.846 \quad (\text{m}^3/\text{s})$$

$$Q = Q_1 + Q_2 = 3.374 (\text{m}^3/\text{s}) = 12,145 \quad (\text{m}^3/\text{h})$$

ここで

A_L	：付室周りの流量係数を含む隙間量(m²)	（表3．2－3参照）
Q	：付室給気量(m³/s)	
Q_1	：付室等の扉排出風量(m³/s)	
Q_2	：付室等の隙間漏気量(m³/s)	
α	：付室扉40cm開放時の流量係数(－)	
ρ	：空気密度(＝1.2kg/m³)	
ΔP_O	：空気逃し口前後差圧(＝19.6Pa)	

> ここでは、40（cm）開放した遮煙開口部と、付室に存在する隙間から流出する流量のみを算入している。つまり、階段扉や圧力調整装置は閉鎖していることを前提としている。したがって、階段室扉にラッチがなく付室に給気すると扉が開いてしまう場合や、遮煙開口部が開放されても圧力調整装置が閉鎖しない場合には、そこからの漏気も加算する必要がある。

(4) 空気逃し口の設計

空気逃し口は機械方式とし、仮に、33,000（m³/h）×2箇所（計66,000（m³/h））とすると、

$$V_e = 9.17 (\text{m}^3/\text{s}) \text{であり}$$

本告示に示す空気逃し口の必要面積A_pは

$$A_p = (V^* \times H - V_e) / 7 = (4.30 \times 2.1 - 9.17) / 7 = -0.02 \Rightarrow 0$$

となる。

ここで、

A_p ：必要自然空気逃し口面積(m^2)
V_e ：機械式空気逃し風量(m^3/s)

(5) 圧力調整装置の設計

今回、流量係数が仮に、0.6の圧力調整装置を採用するとし、10%の割り増し率とした場合、実開口面積$A_{dmp\text{-}real}$を下記で求める。

$$\begin{aligned}A_{dmp-real} &= 0.04 \times V^* \times H \times (0.7 / \alpha_{dmp-real}) \\ &= 0.04 \times 4.30 \times 2.1 \times (0.7 / 0.6) = 0.42 \\ &\Rightarrow 0.46(m^2)を選定\end{aligned}$$

3.2 ケーススタディ

表3.2-4 センターコア・片コア型1の試算結果

			告示で規定される条件 / 設計者が入力する条件		
				付室兼 非ELVロビー1	付室兼 非ELVロビー2
	隣接室の排煙風量（3600×V_e）	m³/h		33,000	33,000
ロ(5) 空気逃しロの必要開口面積（負の時は0）	$VH = V^* \times H$			9.04	9.04
	V_e	m³/s		9.17	9.17
	$Ap = (VH - V_e)/7$	m²		0.00	0.00
	流量係数 α_{p-real}	（－）		0.50	0.50
	$Ap-real = Ap \times 0.7 / \alpha_{p-real}$	m²		0.00	0.00
	割増率	％		10	10
空気逃しロ面積（設計値）	Ap^*	m²		0.00	0.00
判定	$Ap-real \leqq Ap^* $か			OK	OK
ハ(2)(i) 圧力調整装置の必要開口面積	$Admp = 0.04VH$	m²		0.36	0.36
	流量係数 $\alpha_{dmp-real}$	（－）		0.60	0.60
	$Admp-real = Admp \times 0.7 / \alpha_{dmp-real}$	m²		0.42	0.42
	割増率	％		10	10
圧力調整装置の面積（設計値）	$Admp^*$	m²		0.46	0.46
判定	$Admp-real \leqq Admp^* $か			OK	OK
告示の規定値を満たしているか？				OK	OK
参考					
圧力調整装置（差圧ダンパー）設計作動圧	開放 P_o	P_a		40	40
	閉鎖 P_c	P_a		20	20
扉閉鎖時の差圧 $P_1 = (Q/3600/(\Sigma \alpha A + \alpha_{dmp-real} \times Admp^*))^2 \times 1.2/2$		P_a		44	44
扉開放時の差圧	$P_2 = V^{*2} \times 1.2/2$	P_a		11	11

← Vは告示規定値ではなくV^*（設計値）
← 流量係数を0.7とした場合は0.7（ここでは0.5の製品の使用を想定）
← 単純開口の場合の実開口面積

← $Ap-real$以上になるように設計者が決定

← Vは告示規定値ではなくV^*（設計値）
← 流量係数を0.7とした場合は0.7（ここでは0.6の製品の使用を想定）

← $Admp-real$以上の値に設計者が決定

← この値以上ではダンパーは全開
← この値以下ではダンパーは全閉
← 通常は、60P_a程度以下

第3章　加圧防排煙方式の設計例

(6) 試算結果

試算結果を表3.2-5にまとめて示すが、以下の点に留意する必要がある。

- 空気逃し口がすべて機械方式の場合、空気逃し口設置室に別途給気経路を確保しないと階段室扉等に開閉障害が生じることもある。
- 廊下―居室間の扉は、開閉障害防止のための対策が必要である。

表3.2-5　センターコア・片コア型1の試算結果のまとめ

付室No.	給気量 (m^3/h)	空気逃し口 機械方式 (m^3/h)	空気逃し口 自然方式 (m^2)	圧力調整ダンパー開口面積 (m^2)
付室 (1)	12,145	66,000	0	0.46
付室 (2)	12,145			0.46

3.2.2　センターコア・片コア型2

【一般室が多数の小部屋で隣接室が不燃区画されており、一般室に空気逃し口（自然）がある場合】

(1) システム概要及びエリアと防火区画の設定

概念図を図3.2-3、平面図と加圧防排煙の計画を図3.2-4に示すが、2箇所の付室を同時に加圧給気しており、空気逃し口は自然排煙方式で一般室から排煙している。また、付室と一般室の間には隣接室（廊下）を設けている。

表3.2-6　中間コア型2の加圧防排煙方式の概要

付　室	圧力逃し口	備　考
加圧給気室×2	自然方式×7	各一般室に自然方式の空気逃し口を設置

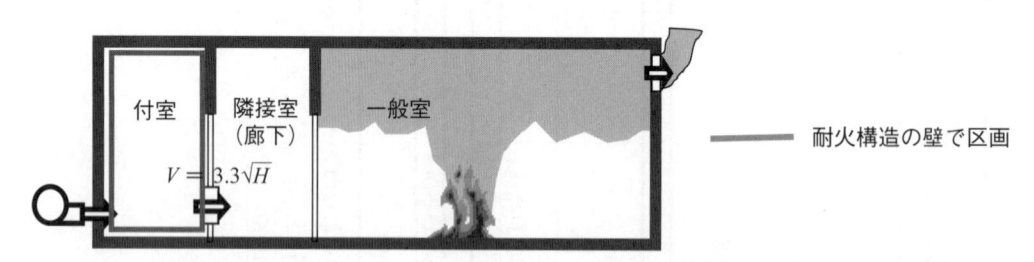

図3.2-3　センターコア・片コア型2の加圧防排煙方式の概念図

3.2 ケーススタディ

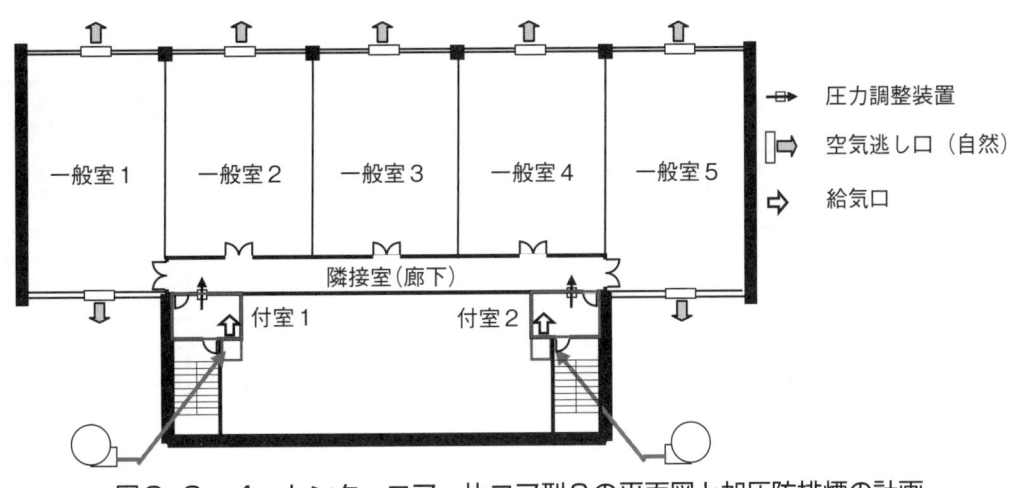

図3.2-4 センターコア・片コア型2の平面図と加圧防排煙の計画

表3.2-7 センターコア・片コア型2の試算結果のまとめ

付室No.	給気量 (m³/h)	空気逃し口 機械方式 (m³/h)	空気逃し口 自然方式 (m²)	圧力調整ダンパー 開口面積 (m²)
付室1	13,730	0	13.8 (全居室の合計)	0.57
付室2	13,730			0.57

空気逃し口は自然排煙兼用とし、加圧防排煙方式の必要面積の4倍以上を確保した。

第3章　加圧防排煙方式の設計例

(2) センターコア・片コア型2の設計シート

> 告示で規定される条件
> 設計者が入力する条件

				付室1	付室2
隣接室の区画の性状 （防火区画された廊下等＝1、不燃区画された廊下等＝2、その他＝3）				2 不燃区画された廊下等	2 不燃区画された廊下等
付室		床面積 A_{floor}	m²	15.0	15.0
		A_{wall}	m²	40.0	40.0
遮煙開口部の扉		高さ H	m	2.10	2.10
		幅	m	0.90	0.90
		面積 A_{door1}	m²	1.89	1.89
階段室への扉		高さ	m	2.10	2.10
		幅	m	0.90	0.90
		面積 A_{door2}	m²	1.89	1.89
ELV扉		高さ	m	0.00	0.00
		幅	m	0.00	0.00
		面積 A_{elv}	m²	0.00	0.00
隙間量 （流量係数 α を含む）		床周り $\alpha_{floor} \times A_{floor}$	m²	0.015	0.015
		壁周り $\alpha_{wall} \times A_{wall}$	m²	0.040	0.040
		防火扉周り $\Sigma(\alpha_{door} \times A_{door})$	m²	0.038	0.038
		ELV扉周り $\alpha_{elv} \times A_{elv}$	m²	0.000	0.000
		隙間合計 $A_{leak} = \Sigma \alpha A$	m²	0.093	0.093
遮煙開口部の想定開口面積（流量係数を含む）		$\alpha \times 0.4 \times H$	m²	0.588	0.588
ハ(1) 遮煙開口部における必要排出風速 ($2.7\sqrt{H}$、$3.3\sqrt{H}$、$3.8\sqrt{H}$) V			m/s	4.78	4.78
		割増率	%	10	10
遮煙開口部における排出風速（設計値）		V^*	m/s	5.26	5.26
判定		$V < V^*$ か		OK	OK
加圧供給風量		Q	m³/h	13,730	13,730
隣接室の排煙風量 ($3600 \times V_e$)			m³/h	0	
ロ(5) 空気逃し口の必要面積（負の時は0）		$VH = V^* \times H$		22.09	
		V_e	m³/s	0.00	
		$A_p = (VH - V_e)/7$	m²	3.16	
		流量係数 α_{p-real}	(−)	0.70	
		$A_{p-real} = A_p \times 0.7/\alpha_{p-real}$	m²	3.16	
		割増率	%	10	10
空気逃し口面積（設計値）		A_p^*	m²	3.31	
判定		$A_{p-real} \leq A_p^*$ か		OK	
ハ(2)(i) 圧力調整装置の必要開口面積		$A_{dmp} = 0.04VH$	m²	0.44	0.44
		流量係数 $\alpha_{dmp-real}$	(−)	0.60	0.60
		$A_{dmp-real} = A_{dmp} \times 0.7/\alpha_{dmp-real}$	m²	0.52	0.52
		割増率	%	10	
圧力調整装置の面積（設計値）		A_{dmp}^*	m²	0.57	0.57
判定		$A_{dmp-real} \leq A_{dmp}^*$ か		OK	OK
告示の規定値を満たしているか？				OK	OK

参考

圧力調整装置（差圧ダンパー）設計作動圧		開放 P_o	Pa	45	45
		閉鎖 P_c	Pa	25	25
扉閉鎖時の差圧 $P_1 = (Q/3600/(\Sigma \alpha A + \alpha_{dmp-real} \times A_{dmp}^*))^2 \times 1.2/2$			Pa	47	47
扉開放時の差圧		$P_2 = V^{*2} \times 1.2/2$	Pa	17	17
判定		$P_2 < P_c < P_o < P_1$ か		OK	OK

3.2.3 分散コア型1

【付室が火災室に接し、複数の付室及び空気逃し口がある場合】

(1) システム概要とエリアと防火区画の設定

概念図を図3.2-5、平面図と加圧防排煙の計画を図3.2-6に示すが、前室が5つあるフロアである。このうち4ヶ所には加圧給気するが、他の1ヶ所は外気に向かって開く窓（自然排煙）を備えている。空気逃し口は、エリアによって、自然方式、機械方式あるいは、その両方としている。なお、居室の排煙設備は避難安全検証法の適用等で、仕様規定に準拠しないことも可能である。

表3.2-8　分散コア型1の加圧防排煙方式の概要

エリアNo.	付室	空気逃し口	備考
エリア1	加圧給気×2	自然方式×1	エリアに小部屋を含んでいる。
		機械方式×1	
エリア2	加圧給気×1	自然方式×1	
エリア3	加圧給気×1	機械方式×1	

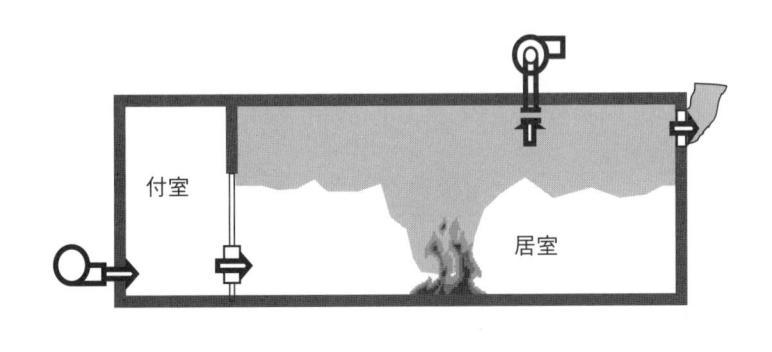

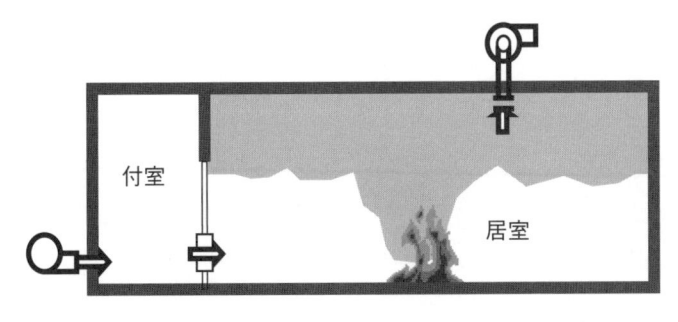

図3.2-5　分散コア型1の加圧防排煙方式の概念図

第3章　加圧防排煙方式の設計例

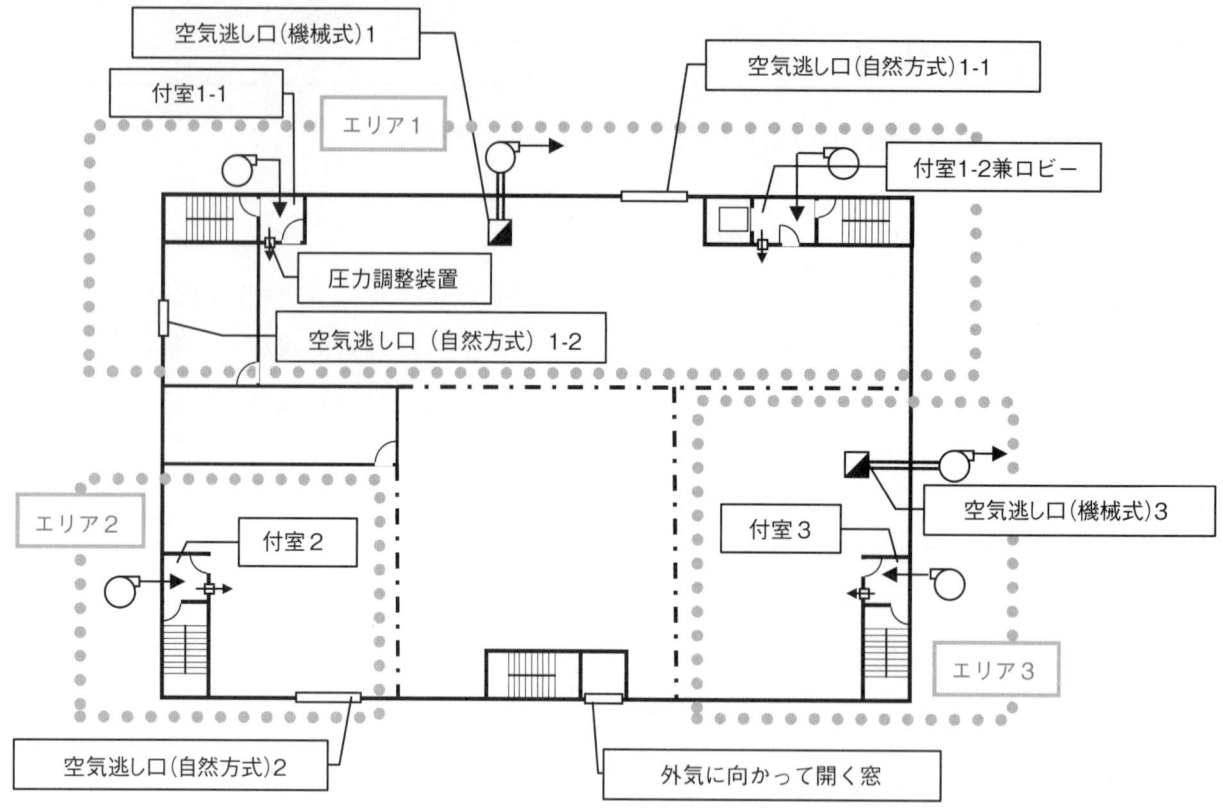

図3.2-6　分散コア型1の平面図と加圧防排煙の計画

(2) 試算結果
・エリア1では2ヶ所で加圧給気しているが、空気逃し口の計算はまとめて行っている。別々に計算することも可能である。
・機械方式の場合は、別途給気経路を確保しないと、階段室扉等に開閉障害が生じることもある。

表3.2-9　分散コア型1の試算結果のまとめ

エリアNo.	付室No.	給気量 (m³/h)	空気逃し口 機械方式 (m³/h)	空気逃し口 自然方式 (m²)	圧力調整ダンパー開口面積 (m²)
エリア1	付室1-1	15,009	30,000	2.57	0.65
	付室1-2	16,260			0.60
エリア2	付室2	14,721	0	2.67	0.60
エリア3	付室3	14,828	46,000	0	0.60

注）エリア1の自然方式の空気逃し口面積は、空気逃し口1-1と空気逃し口1-2の合計面積。

3.2 ケーススタディ

(3) 分散コア型1の計算シート

				告示で規定される条件	
				設計者が入力する条件	

				付室1-1	付室1-2兼 非ELVロビー
隣接室の区画の性状 (防火区画された廊下等＝1、不燃区画された廊下等＝2、その他＝3)				3 その他	3 その他
付室		床面積 A_{floor}	m²	15.0	20.0
		A_{wall}	m²	20.1	23.3
遮煙開口部の扉		高さ H	m	2.10	2.10
		幅	m	0.90	0.90
		面積 A_{door1}	m²	1.89	1.89
階段室への扉		高さ	m	2.10	2.10
		幅	m	0.90	0.90
		面積 A_{door2}	m²	1.89	1.89
ELV扉		高さ	m	0.00	2.40
		幅	m	0.00	1.40
		面積 A_{elv}	m²	0.00	3.36
隙間量 (流量係数αを含む)		床周り $\alpha_{floor} \times A_{floor}$	m²	0.015	0.020
		壁周り $\alpha_{wall} \times A_{wall}$	m²	0.020	0.023
		防火扉周り $\Sigma(\alpha_{door} \times A_{door})$	m²	0.038	0.038
		ELV扉周り $\alpha_{elv} \times A_{elv}$	m²	0.000	0.034
		隙間合計 $A_{leak}=\Sigma\alpha A$	m²	0.073	0.115
遮煙開口部の想定開口面積(流量係数を含む)		$\alpha \times 0.4 \times H$	m²	0.588	0.588
ハ(1) 遮煙開口部における必要排出風速 ($2.7\sqrt{H}$, $3.3\sqrt{H}$, $3.8\sqrt{H}$) V			m/s	5.51	5.51
		割増率	%	10	10
遮煙開口部における排出風速(設計値)		V^*	m/s	6.06	6.06
判定		$V<V^*$か		OK	OK
加圧供給風量		Q	m³/h	15,009	16,260
隣接室の排煙風量($3600 \times V_e$)			m³/h	30,000	
ロ(5) 空気逃し口の必要面積(負の時は0)		$VH=V^* \times H$		25.44	
		V_e	m³/s	8.33	
		$A_p=(VH-V_e)/7$	m²	2.44	
		流量係数 α_{p-real}	(－)	0.70	
		$A_{p-real}=A_p \times 0.7/\alpha_{p-real}$	m²	2.44	
		割増率	%	10	
空気逃し口面積(設計値)		A_p^*	m²	2.57	
判定		$A_{p-real} \leq A_p^*$か		OK	
ハ(2)(i) 圧力調整装置の必要開口面積		$A_{dmp}=0.04VH$	m²	0.51	0.51
		流量係数 $\alpha_{dmp-real}$	(－)	0.60	0.65
		$A_{dmp-real}=A_{dmp} \times 0.7/\alpha_{dmp-real}$	m²	0.59	0.55
		割増率	%	10	
圧力調整装置の面積(設計値)		A_{dmp}^*	m²	0.65	0.60
判定		$A_{dmp-real} \leq A_{dmp}^*$か		OK	OK
告示の規定値を満たしているか？				OK	OK

参考

圧力調整装置(差圧ダンパー)設計作動圧		開放 P_o	P_a	45	45
		閉鎖 P_c	P_a	25	25
扉閉鎖時の差圧 $P_1=(Q/3600/(\Sigma\alpha A+\alpha_{dmp-real} \times A_{dmp}^*))^2 \times 1.2/2$			P_a	48	48
扉開放時の差圧		$P_2=V^{*2} \times 1.2/2$	P_a	22	22
判定		$P_2<P_c<P_o<P_1$か		OK	OK

第3章 加圧防排煙方式の設計例

(3) 分散コア型1の計算シート

			告示で規定される条件 設計者が入力する条件
			付室2
隣接室の区画の性状 (防火区画された廊下等＝1、不燃区画された廊下等＝2、その他＝3)			3 その他
付室	床面積 A_{floor}	m²	10.0
	A_{wall}	m²	16.4
	高さ H	m	2.10
遮煙開口部の扉	幅	m	0.90
	面積 A_{door1}	m²	1.89
階段室への扉	高さ	m	2.00
	幅	m	0.90
	面積 A_{door2}	m²	1.80
ELV扉	高さ	m	0.00
	幅	m	0.00
	面積 A_{elv}	m²	0.00
隙間量 (流量係数αを含む)	床周り $\alpha_{floor} \times A_{floor}$	m²	0.010
	壁周り $\alpha_{wall} \times A_{wall}$	m²	0.016
	防火扉周り $\Sigma(\alpha_{door} \times A_{door})$	m²	0.037
	ELV扉周り $\alpha_{elv} \times A_{elv}$	m²	0.000
	隙間合計 $A_{leak} = \Sigma \alpha A$	m²	0.063
遮煙開口部の想定開口面積(流量係数を含む)	$\alpha \times 0.4 \times H$	m²	0.588
ハ(1)遮煙開口部における必要排出風速 ($2.7\sqrt{H}$、$3.3\sqrt{H}$、$3.8\sqrt{H}$) V		m/s	5.51
	割増率	%	10
遮煙開口部における排出風速(設計値)	V^*	m/s	6.06
判定	$V<V^*$か		OK
加圧供給風量	Q	m³/h	14,721
隣接室の排煙風量 ($3600 \times V_e$)		m³/h	0
ロ(5)空気逃し口の必要面積(負の時は0)	$VH = V^* \times H$		12.72
	V_e	m³/s	0.00
	$A_p = (VH - V_e)/7$	m²	1.82
	流量係数 α_{p-real} (−)		0.50
	$A_{p-real} = A_p \times 0.7/\alpha_{p-real}$	m²	2.54
	割増率	%	10
空気逃し口面積(設計値)	A_p^*	m²	2.67
判定	$A_{p-real} \leq A_p^*$か		OK
ハ(2)(i)圧力調整装置の必要開口面積	$A_{dmp} = 0.04VH$	m²	0.51
	流量係数 $\alpha_{dmp-real}$ (−)		0.65
	$A_{dmp-real} = A_{dmp} \times 0.7/\alpha_{dmp-real}$	m²	0.55
	割増率	%	10
圧力調整装置の面積(設計値)	A_{dmp}^*	m²	0.60
判定	$A_{dmp-real} \leq A_{dmp}^*$か		OK
告示の規定値を満たしているか？			OK

参考

圧力調整装置(差圧ダンパー)設計作動圧	開放 P_o	Pa	45
	閉鎖 P_c	Pa	25
扉閉鎖時の差圧 $P_1 = (Q/3600/(\Sigma \alpha A + \alpha_{dmp-real} \times A_{dmp}^*))^2 \times 1.2/2$		Pa	48
扉開放時の差圧 $P_2 = V^{*2} \times 1.2/2$		Pa	22
判定	$P_2 < P_c < P_o < P_1$か		OK

3.2 ケーススタディ

(3) 分散コア型1の計算シート

				告示で規定される条件
				設計者が入力する条件

				付室3
隣接室の区画の性状 (防火区画された廊下等＝1、不燃区画された廊下等＝2、その他＝3)				3 その他
付室		床面積A_{floor}	m²	12.0
		A_{wall}	m²	18.0
遮煙開口部の扉		高さH	m	2.10
		幅	m	0.90
		面積$A_{door}1$	m²	1.89
階段室への扉		高さ	m	2.00
		幅	m	0.90
		面積$A_{door}2$	m²	1.80
ELV扉		高さ	m	0.00
		幅	m	0.00
		面積A_{elv}	m²	0.00
隙間量 (流量係数αを含む)		床周り $\alpha_{floor} \times A_{floor}$	m²	0.012
		壁周り $\alpha_{wall} \times A_{wall}$	m²	0.018
		防火扉周り $\Sigma(\alpha_{door} \times A_{door})$	m²	0.037
		ELV扉周り $\alpha_{elv} \times A_{elv}$	m²	0.000
		隙間合計 $A_{leak} = \Sigma \alpha A$	m²	0.067
遮煙開口部の想定開口面積(流量係数を含む)		$\alpha \times 0.4 \times H$	m²	0.588
ハ(1) 遮煙開口部における必要排出風速($2.7\sqrt{H}$、$3.3\sqrt{H}$、$3.8\sqrt{H}$) V			m/s	5.51
		割増率	%	10
遮煙開口部における排出風速(設計値)		V^*	m/s	6.06
判定		$V < V^*$ か		OK
加圧供給風量		Q	m³/h	14,828
隣接室の排煙風量($3600 \times V_e$)			m³/h	46,000
ロ(5) 空気逃し口の必要面積(負の時は0)		$VH = V^* \times H$		12.72
		V_e	m³/s	12.78
		$A_p = (VH - V_e)/7$	m²	0.00
		流量係数 α_{p-real}	(－)	0.50
		$A_{p-real} = A_p \times 0.7/\alpha_{p-real}$	m²	0.00
		割増率	%	10
空気逃し口面積(設計値)		A_p^*	m²	0.00
判定		$A_{p-real} \leq A_p^*$ か		OK
ハ(2)(i) 圧力調整装置の必要開口面積		$A_{dmp} = 0.04VH$	m²	0.51
		流量係数 $\alpha_{dmp-real}$	(－)	0.65
		$A_{dmp-real} = A_{dmp} \times 0.7/\alpha_{dmp-real}$	m²	0.55
		割増率	%	10
圧力調整装置の面積(設計値)		A_{dmp}^*	m²	0.60
判定		$A_{dmp-real} \leq A_{dmp}^*$ か		OK
告示の規定値を満たしているか？				OK
参考				
圧力調整装置(差圧ダンパー)設計作動圧		開放 P_o	Pa	45
		閉鎖 P_c	Pa	25
扉閉鎖時の差圧		$P_1 = (Q/3600/(\Sigma \alpha A + \alpha_{dmp-real} \times A_{dmp}^*))^2 \times 1.2/2$	Pa	48
扉開放時の差圧		$P_2 = V^{*2} \times 1.2/2$	Pa	22
判定		$P_2 < P_c < P_o < P_1$ か		OK

第3章 加圧防排煙方式の設計例

3.2.4 分散コア型2

【防火区画された廊下、複数の付室及び空気逃し口がある場合】

(1) システム概要とエリアと防火区画の設定

概念図を図3.2-7、平面図と加圧防排煙の計画を図3.2-8に示す。前室前に廊下を設けている以外は、3.2.3と全く同じプランである。

表3.2-10 分散コア型2の加圧防排煙方式の概要

エリアNo.	付室	空気逃し口	備考
エリア1	加圧給気×2	自然方式×1	エリアに小部屋を含んでいる。
		機械方式×1	
エリア2	加圧給気×1	自然方式×1	
エリア3	加圧給気×1	機械方式×1	

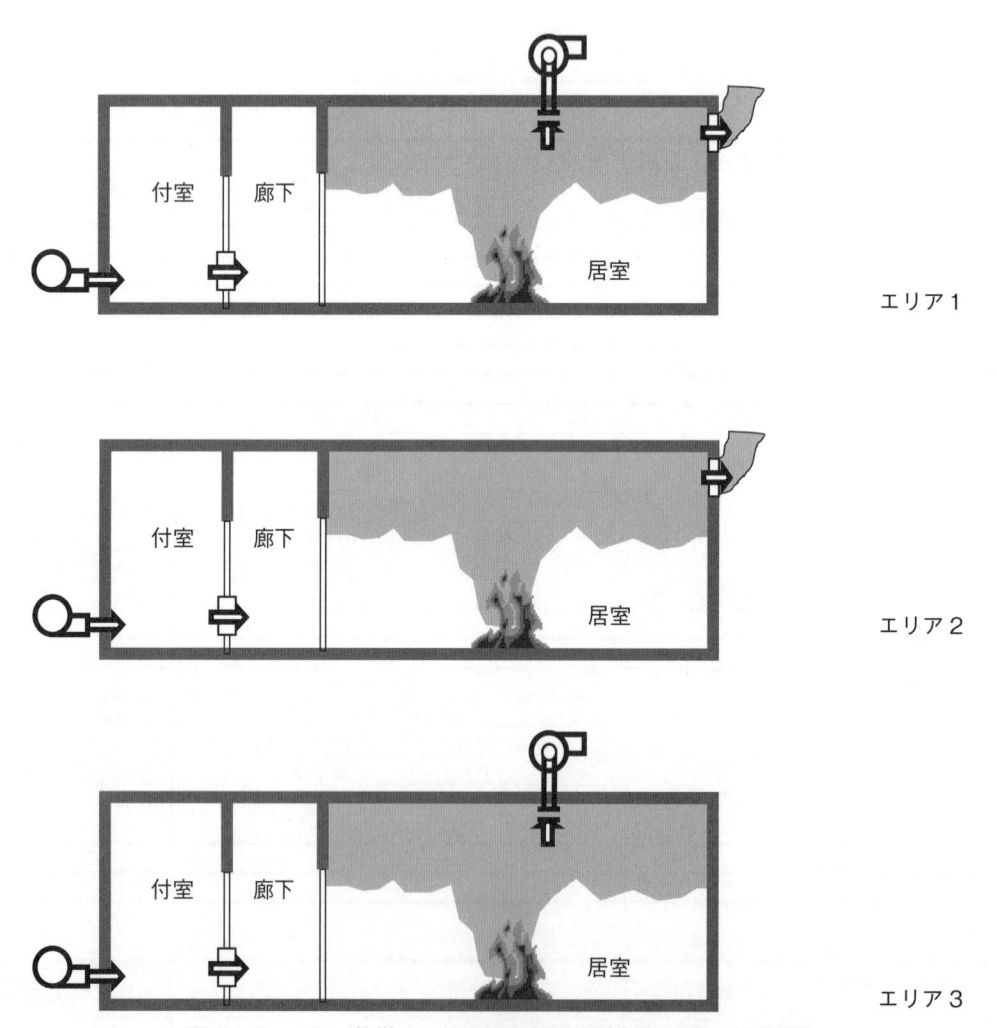

図3.2-7 分散コア型2の加圧防排煙方式の概念図

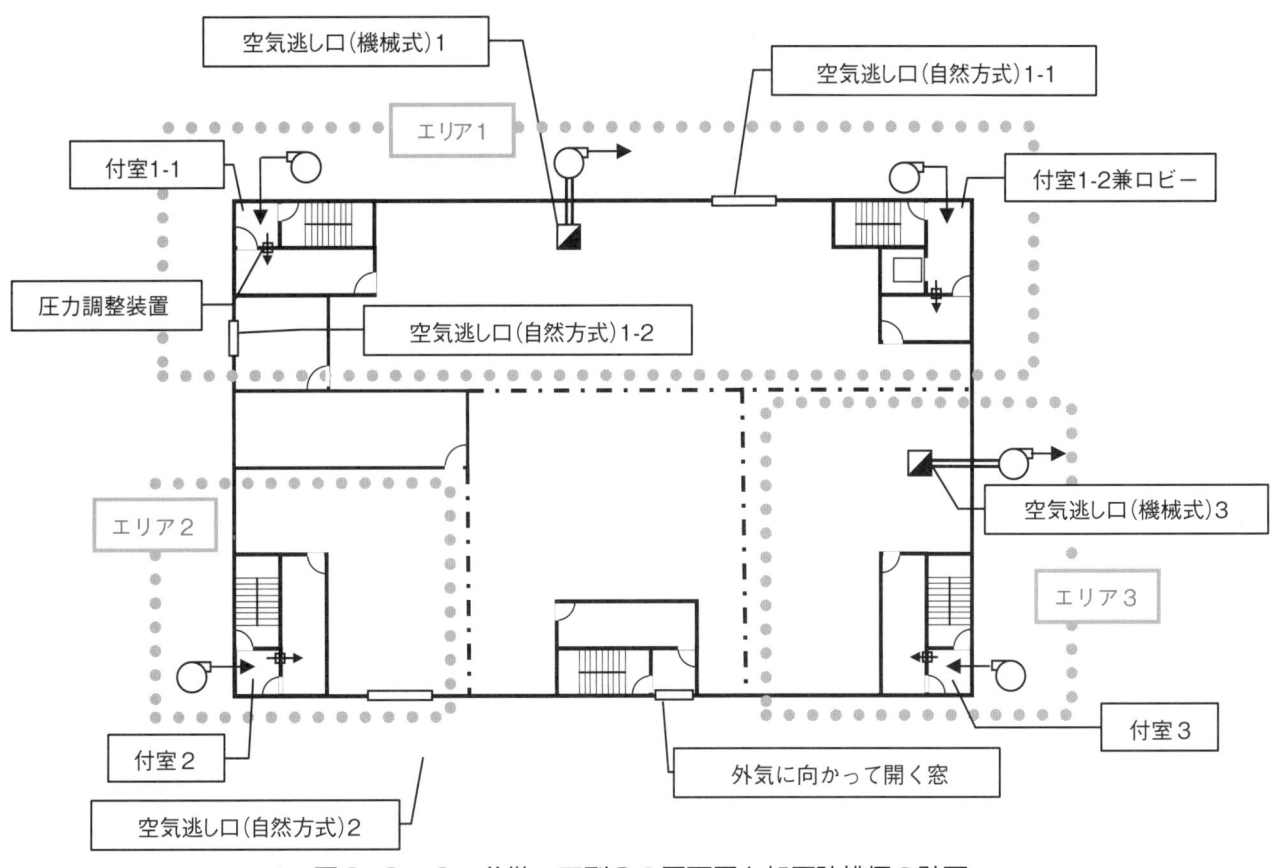

図3.2−8 分散コア型2の平面図と加圧防排煙の計画

(2) 試算結果

- エリア1では2ヶ所で加圧給気しているが、空気逃し口の計算はまとめて行っている。別々に計算することも可能である。
- 機械方式の場合は、別途給気経路を確保しないと、階段室扉等に開閉障害が生じることもある。
- 廊下−居室間の扉は、開閉障害防止のための対策が必要である。

表3.2−11 分散コア型2の試算結果のまとめ

エリアNo.	付室No.	給気量 (m³/h)	空気逃し口 機械方式 (m³/h)	空気逃し口 自然方式 (m²)	圧力調整ダンパー開口面積 (m²)
エリア1	付室1−1	10,989	30,000	1.46	0.46
エリア1	付室1−2	12,064	30,000	1.46	0.43
エリア2	付室2	10,742	0	1.90	0.43
エリア3	付室3	10,834	33,000	0	0.43

第3章 加圧防排煙方式の設計例

(3) 分散コア型2の計算シート

		告示で規定される条件
		設計者が入力する条件

				付室1-1	付室1-2兼非ELVロビー
隣接室の区画の性状 (防火区画された廊下等＝1、不燃区画された廊下等＝2、その他＝3)				1 防火区画された廊下等	1 防火区画された廊下等
付室		床面積A_{floor}	m²	15.0	20.0
		A_{wall}	m²	20.1	23.3
遮煙開口部の扉		高さH	m	2.10	2.10
		幅	m	0.90	0.90
		面積$A_{door}1$	m²	1.89	1.89
階段室への扉		高さ	m	2.10	2.10
		幅	m	0.90	0.90
		面積$A_{door}2$	m²	1.89	1.89
ELV扉		高さ	m	0.00	2.40
		幅	m	0.00	1.40
		面積A_{elv}	m²	0.00	3.36
隙間量 (流量係数αを含む)		床周り $\alpha_{floor} \times A_{floor}$	m²	0.015	0.020
		壁周り $\alpha_{wall} \times A_{wall}$	m²	0.020	0.023
		防火扉周り $\Sigma(\alpha_{door} \times A_{door})$	m²	0.038	0.038
		ELV扉周り $\alpha_{elv} \times A_{elv}$	m²	0.000	0.034
		隙間合計 $A_{leak} = \Sigma \alpha A$	m²	0.073	0.115
遮煙開口部の想定開口面積(流量係数を含む)		$\alpha \times 0.4 \times H$	m²	0.588	0.588
ハ(1) 遮煙開口部における必要排出風速($2.7\sqrt{H}$、$3.3\sqrt{H}$、$3.8\sqrt{H}$) V			m/s	3.91	3.91
		割増率	%	10	10
		遮煙開口部における排出風速(設計値) V^*	m/s	4.30	4.30
		判定	$V<V^*$か	OK	OK
加圧供給風量		Q	m³/h	10,989	12,064
隣接室の排煙風量($3600 \times V_e$)			m³/h		30,000
ロ(5) 空気逃し口の必要面積(負の時は0)		$VH=V^* \times H$			18.08
		V_e	m³/s		8.33
		$A_p=(VH-V_e)/7$	m²		1.39
		流量係数 α_{p-real}	(-)		0.70
		$A_{p-real}=A_p \times 0.7/\alpha_{p-real}$			1.39
		割増率	%		10
		空気逃し口面積(設計値) A_p^*	m²		1.46
		判定	$A_{p-real} \leq A_p^*$か		OK
ハ(2)(i) 圧力調整装置の必要開口面積		$A_{dmp}=0.04VH$	m²	0.36	0.36
		流量係数 $\alpha_{dmp-real}$	(-)	0.60	0.65
		$A_{dmp-real}=A_{dmp} \times 0.7/\alpha_{dmp-real}$	m²	0.42	0.39
		割増率	%	10	
		圧力調整装置の面積(設計値) A_{dmp}^*	m²	0.46	0.43
		判定	$A_{dmp-real} \leq A_{dmp}^*$か	OK	OK
告示の規定値を満たしているか？				OK	OK
参考					
圧力調整装置(差圧ダンパー)設計作動圧		開放 P_o	Pa	40	40
		閉鎖 P_c	Pa	15	15
扉閉鎖時の差圧 $P_1=(Q/3600/(\Sigma \alpha A + \alpha_{dmp-real} \times A_{dmp}^*))^2 \times 1.2/2$			Pa	45	44
扉開放時の差圧		$P_2=V^{*2} \times 1.2/2$	Pa	11	11
		判定	$P_2<P_c<P_o<P_1$か	OK	OK

3.2 ケーススタディ

(3) 分散コア型2の計算シート

凡例:
- 告示で規定される条件
- 設計者が入力する条件

				付室2
隣接室の区画の性状 (防火区画された廊下等＝1、不燃区画された廊下等＝2、その他＝3)				1 防火区画された廊下等
付室		床面積 A_{floor}	m²	10.0
		A_{wall}	m²	16.4
		高さ H	m	2.10
遮煙開口部の扉		幅	m	0.90
		面積 $A_{door}1$	m²	1.89
階段室への扉		高さ	m	2.00
		幅	m	0.90
		面積 $A_{door}2$	m²	1.80
ELV扉		高さ	m	0.00
		幅	m	0.00
		面積 A_{elv}	m²	0.00
隙間量 (流量係数 α を含む)		床周り $\alpha_{floor} \times A_{floor}$	m²	0.010
		壁周り $\alpha_{wall} \times A_{wall}$	m²	0.016
		防火扉周り $\Sigma(\alpha_{door} \times A_{door})$	m²	0.037
		ELV扉周り $\alpha_{elv} \times A_{elv}$	m²	0.000
		隙間合計 $A_{leak} = \Sigma\alpha A$	m²	0.063
遮煙開口部の想定開口面積（流量係数を含む）		$\alpha \times 0.4 \times H$	m²	0.588
ハ(1) 遮煙開口部における必要排出風速 ($2.7\sqrt{H}$、$3.3\sqrt{H}$、$3.8\sqrt{H}$) V			m/s	3.91
		割増率	%	10
		遮煙開口部における排出風速（設計値） V^*	m/s	4.30
		判定 $V<V^*$か		OK
加圧供給風量		Q	m³/h	10,742
隣接室の排煙風量 ($3600 \times V_e$)			m³/h	0
ロ(5) 空気逃し口の必要面積（負の時は0）		$VH = V^* \times H$		9.04
		V_e	m³/s	0.00
		$A_p = (VH - V_e)/7$	m²	1.29
		流量係数 α_{p-real}	(−)	0.50
		$A_{p-real} = A_p \times 0.7/\alpha_{p-real}$	m²	1.81
		割増率	%	10
		空気逃し口面積（設計値）A_p^*	m²	1.90
		判定 $A_{p-real} \leq A_p^*$か		OK
ハ(2)(i) 圧力調整装置の必要開口面積		$A_{dmp} = 0.04VH$	m²	0.36
		流量係数 $\alpha_{dmp-real}$	(−)	0.65
		$A_{dmp-real} = A_{dmp} \times 0.7/\alpha_{dmp-real}$	m²	0.39
		割増率	%	10
		圧力調整装置の面積（設計値）A_{dmp}^*	m²	0.43
		判定 $A_{dmp-real} \leq A_{dmp}^*$か		OK
告示の規定値を満たしているか？				OK

参考

圧力調整装置（差圧ダンパー）設計作動圧		開放 P_o	Pa	45
		閉鎖 P_c	Pa	15
扉閉鎖時の差圧 $P_1 = (Q/3600/(\Sigma\alpha A + \alpha_{dmp-real} \times A_{dmp}^*))^2 \times 1.2/2$			Pa	46
扉開放時の差圧 $P_2 = V^{*2} \times 1.2/2$			Pa	11
判定 $P_2 < P_c < P_o < P_1$か				OK

第3章 加圧防排煙方式の設計例

(3) 分散コア型2の計算シート

			告示で規定される条件
			設計者が入力する条件

				付室3
隣接室の区画の性状 (防火区画された廊下等＝1、不燃区画された廊下等＝2、その他＝3)				1 防火区画された廊下等
付室		床面積A_{floor}	m²	12.0
		A_{wall}	m²	18.0
遮煙開口部の扉		高さH	m	2.10
		幅	m	0.90
		面積$A_{door}1$	m²	1.89
階段室への扉		高さ	m	2.00
		幅	m	0.90
		面積$A_{door}2$	m²	1.80
ELV扉		高さ	m	0.00
		幅	m	0.00
		面積A_{elv}	m²	0.00
隙間量 (流量係数αを含む)		床周り $\alpha_{floor} \times A_{floor}$	m²	0.012
		壁周り $\alpha_{wall} \times A_{wall}$	m²	0.018
		防火扉周り $\Sigma(\alpha_{door} \times A_{door})$	m²	0.037
		ELV扉周り $\alpha_{elv} \times A_{elv}$	m²	0.000
		隙間合計 $A_{leak} = \Sigma \alpha A$	m²	0.067
遮煙開口部の想定開口面積(流量係数を含む)		$\alpha \times 0.4 \times H$	m²	0.588
ハ(1) 遮煙開口部における必要排出風速($2.7\sqrt{H}$、$3.3\sqrt{H}$、$3.8\sqrt{H}$) V			m/s	3.91
		割増率	%	10
		遮煙開口部における排出風速(設計値) V^*	m/s	4.30
		判定	$V<V^*$か	OK
加圧供給風量		Q	m³/h	10,834
隣接室の排煙風量($3600 \times V_e$)			m³/h	33,000
ロ(5) 空気逃し口の必要面積(負の時は0)		$VH=V^* \times H$		9.04
		V_e	m³/s	9.17
		$A_p=(VH-V_e)/7$	m²	0.00
		流量係数 α_{p-real}	(-)	0.50
		$A_{p-real}=A_p \times 0.7/\alpha_{p-real}$	m²	0.00
		割増率	%	10
空気逃し口面積(設計値)		A_p^*	m²	0.00
		判定	$A_{p-real} \leq A_p^*$か	OK
ハ(2)(i) 圧力調整装置の必要開口面積		$A_{dmp}=0.04VH$	m²	0.36
		流量係数 $\alpha_{dmp-real}$	(-)	0.65
		$A_{dmp-real}=A_{dmp} \times 0.7/\alpha_{dmp-real}$	m²	0.39
		割増率	%	10
圧力調整装置の面積(設計値)		A_{dmp}^*	m²	0.43
		判定	$A_{dmp-real} \leq A_{dmp}^*$か	OK
告示の規定値を満たしているか?				OK

参考

圧力調整装置(差圧ダンパー)設計作動圧		開放 P_o	Pa	45
		閉鎖 P_c	Pa	15
扉閉鎖時の差圧	$P_1=(Q/3600/(\Sigma \alpha A + \alpha_{dmp-real} \times A_{dmp}^*))^2 \times 1.2/2$		Pa	46
扉開放時の差圧	$P_2=V^{*2} \times 1.2/2$		Pa	11
		判定	$P_2<P_c<P_o<P_1$か	OK

3.2.5 中間コア型1

【一般室が多数の小部屋で隣接室が防火区画されており、隣接室に空気逃し口(機械＋自然)がある場合】

(1) システム概要及びエリアと防火区画の設定

概念図を図3.2-9、平面図と加圧防排煙の計画を図3.2-10に示すが、2箇所の付室を同時に加圧給気しており、空気逃し口は隣接室（廊下）に機械方式と自然方式をそれぞれ2箇所ずつ設けている。

表3.2-12 中間コア型1の加圧防排煙方式の概要

付　　室	圧力逃し口	備　　考
加圧給気室×2	自然方式×2 機械方式×2	隣接室に自然方式と機械方式の空気逃し口を設置

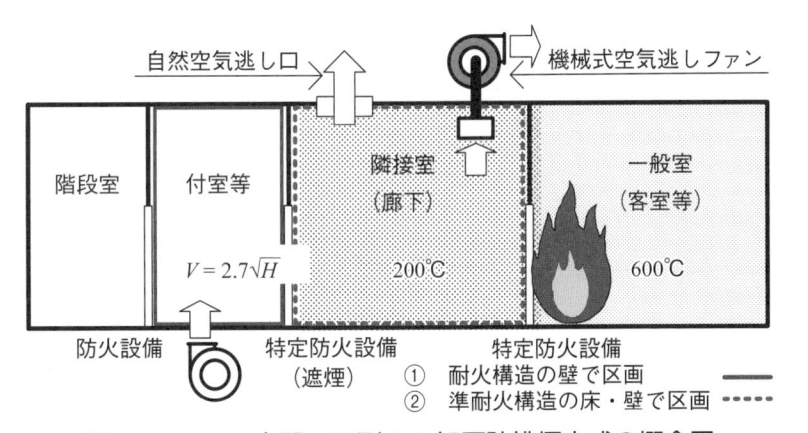

図3.2-9 中間コア型1の加圧防排煙方式の概念図

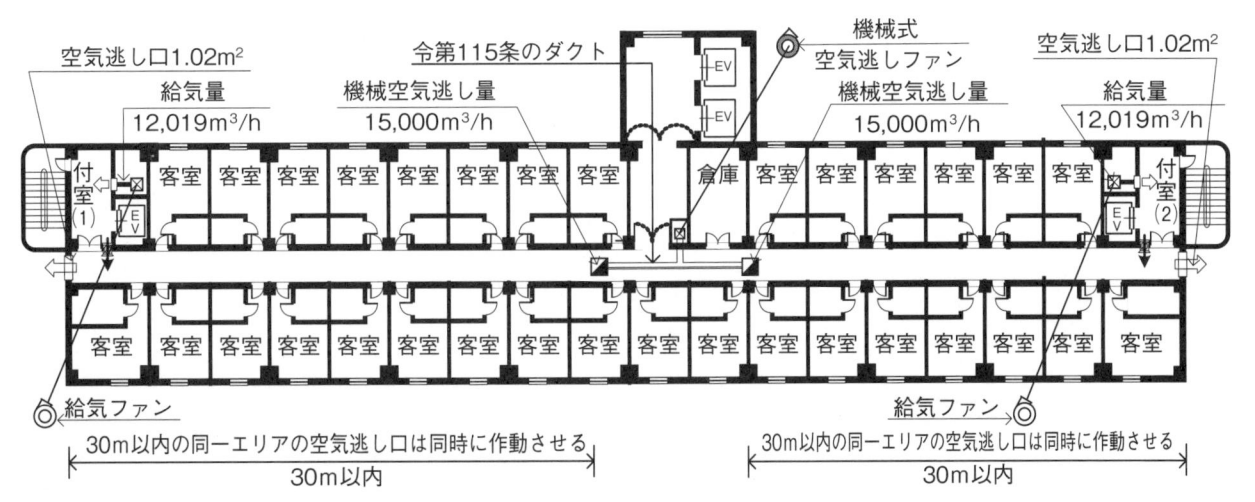

図3.2-10 中間コア型1の平面図と加圧防排煙の計画

(2) 試算結果

試算結果を表3.2－13にまとめて示すが、以下の点に留意する必要がある。

・常温での試運転調整時には、自然方式の空気逃し口は機械方式の空気逃しの給気ルートとなるが、3.1.6に示すように盛期火災（空気温度800（℃））時には自然方式の空気逃し口も排気側に働くために問題とはならない。

表3.2－13　中間コア型1の試算結果のまとめ

付室No.	給気量 (m^3／h)	空気逃し口 機械方式 (m^3／h)	空気逃し口 自然方式 (m^2)	圧力調整ダンパー開口面積 (m^2)
付室(1)	12,019	15,000	1.02	0.46
付室(2)	12,019	15,000	1.02	0.46

3.2 ケーススタディ

(2) 中間コア型1の設計シート

凡例：
- 告示で規定される条件
- 設計者が入力する条件

				付室兼 非ELVロビー1	付室兼 非ELVロビー2
隣接室の区画の性状 (防火区画された廊下等＝1、不燃区画された廊下等＝2、その他＝3)				1 防火区画された廊下等	1 防火区画された廊下等
付室		床面積 A_{floor}	m²	20.0	20.0
		A_{wall}	m²	21.5	21.5
遮煙開口部の扉		高さ H	m	2.10	2.10
		幅	m	1.60	1.60
		面積 A_{door1}	m²	3.36	3.36
階段室への扉		高さ	m	2.10	2.10
		幅	m	0.80	0.80
		面積 A_{door2}	m²	1.68	1.68
ELV扉		高さ	m	2.10	2.10
		幅	m	1.00	1.00
		面積 A_{elv}	m²	2.10	2.10
隙間量 (流量係数 α を含む)		床周り $\alpha_{floor} \times A_{floor}$	m²	0.020	0.020
		壁周り $\alpha_{wall} \times A_{wall}$	m²	0.022	0.022
		防火扉周り $\Sigma(\alpha_{door} \times A_{door})$	m²	0.050	0.050
		ELV扉周り $\alpha_{elv} \times A_{elv}$	m²	0.021	0.021
		隙間合計 $A_{leak}=\Sigma\alpha A$	m²	0.113	0.113
遮煙開口部の想定開口面積(流量係数を含む)		$\alpha \times 0.4 \times H$	m²	0.588	0.588
ハ(1) 遮煙開口部における必要排出風速 $(2.7\sqrt{H}, 3.3\sqrt{H}, 3.8\sqrt{H})$ V			m/s	3.91	3.91
		割増率	%	10	10
遮煙開口部における排出風速(設計値)		V^*	m/s	4.30	4.30
		判定	$V<V^*$ か	OK	OK
加圧供給風量		Q	m³/h	12,019	12,019
隣接室の排煙風量 $(3600 \times V_e)$			m³/h	15,000	15,000
ロ(5) 空気逃し口の必要面積(負の時は0)		$VH=V^* \times H$		9.04	9.04
		V_e	m³/s	4.17	4.17
		$A_p=(VH-V_e)/7$	m²	0.70	0.70
		流量係数 α_{p-real}	(－)	0.50	0.50
		$A_{p-real}=A_p \times 0.7/\alpha_{p-real}$	m²	0.97	0.97
		割増率	%	10	10
空気逃し口面積(設計値)		A_p^*	m²	1.02	1.02
		判定	$A_{p-real} \leq A_p^*$ か	OK	OK
ハ(2)(i) 圧力調整装置の必要開口面積		$A_{dmp}=0.04VH$	m²	0.36	0.36
		流量係数 $\alpha_{dmp-real}$	(－)	0.60	0.60
		$A_{dmp-real}=A_{dmp} \times 0.7/\alpha_{dmp-real}$	m²	0.42	0.42
		割増率	%	10	10
圧力調整装置の面積(設計値)		A_{dmp}^*	m²	0.46	0.46
		判定	$A_{dmp-real} \leq A_{dmp}^*$ か	OK	OK
告示の規定値を満たしているか？				OK	OK

参考

圧力調整装置(差圧ダンパー)設計作動圧		開放 P_o	Pa	40	40
		閉鎖 P_c	Pa	20	20
扉閉鎖時の差圧	$P_1=(Q/3600/(\Sigma\alpha A+\alpha_{dmp-real} \times A_{dmp}^*))^2 \times 1.2/2$		Pa	44	44
扉開放時の差圧	$P_2=V^{*2} \times 1.2/2$		Pa	11	11
		判定	$P_2<P_c<P_o<P_1$ か	OK	OK

3.2.6 中間コア型2

【一般室が多数の小部屋で隣接室が防火区画されており、一般室に空気逃し口(自然)がある場合】

(1) システム概要及びエリアと防火区画の設定

概念図を図3.2－11、平面図と加圧防排煙の計画を図3.2－12に示すが、2箇所の付室を同時に加圧給気しており、空気逃し口は自然方式ですべての一般室（客室）に分散して設けている。

表3.2－14 中間コア型2の加圧防排煙方式の概要

付　室	圧力逃し口	備　考
加圧給気室×2	自然方式×33	一般室に空気逃し口を分散設置

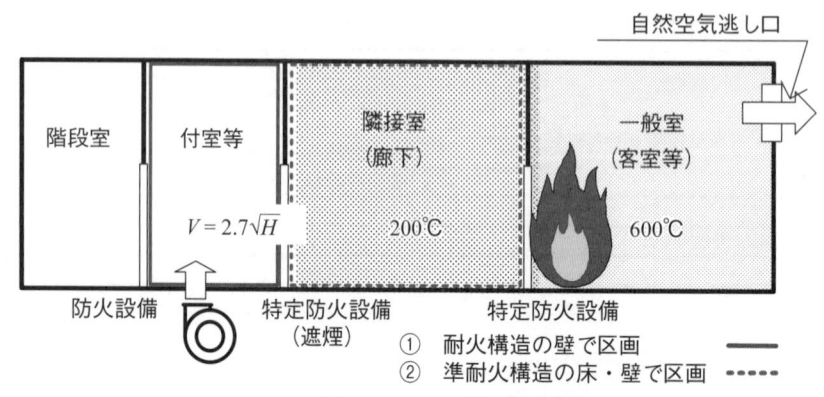

図3.2－11 中間コア型2の加圧防排煙方式の概念図

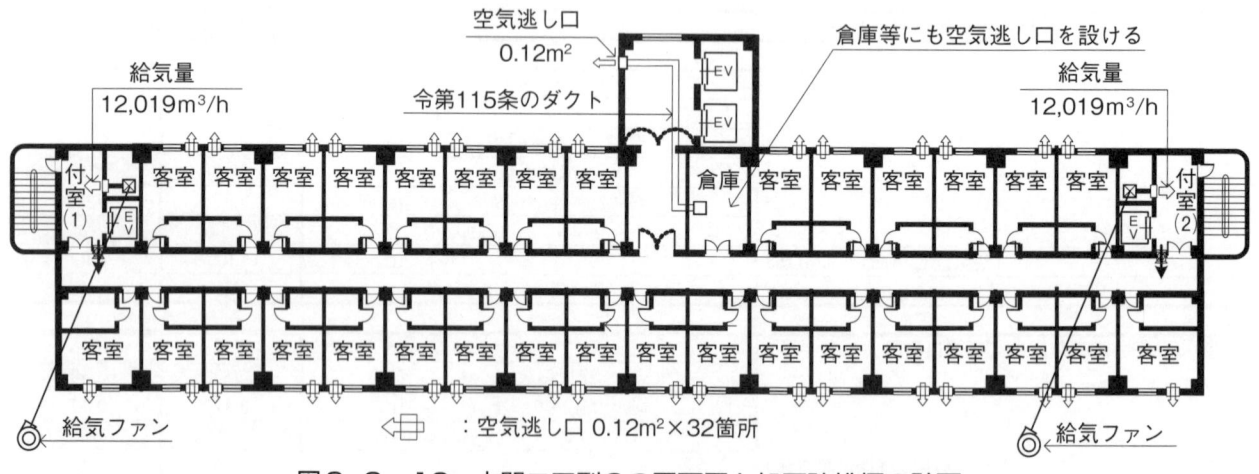

図3.2－12 中間コア型2の平面図と加圧防排煙の計画

(2) 試算結果

試算結果を表3.2－15にまとめて示すが、以下の点に留意する必要がある。
・空気逃し口は各小部屋に分散設置しているため付室扉の風速は、すべての空気逃し口設置室の扉を開放した状態で測定する必要がある。

表3.2-15 中間コア型2の試算結果のまとめ

付室No.	給気量 (m³／h)	空気逃し口 機械方式 (m³／h)	空気逃し口 自然方式 (m²)	圧力調整ダンパー開口面積 (m²)
付室(1)	12,019	—	0.12×16＝1.90	0.46
付室(2)	12,019	—	0.12×16＝1.90	0.46

各空気逃しは30m以内に設置されており、それぞれ付室1、2の加圧給気と連動している。

第3章 加圧防排煙方式の設計例

(2) 中間コア型2の設計シート

		告示で規定される条件	
		設計者が入力する条件	

			付室兼 非ELVロビー1	付室兼 非ELVロビー2
隣接室の区画の性状 (防火区画された廊下等＝1、不燃区画された廊下等＝2、その他＝3)			1 防火区画された廊下等	1 防火区画された廊下等
付室	床面積 A_{floor}	m²	20.0	20.0
	A_{wall}	m²	21.5	21.5
遮煙開口部の扉	高さ H	m	2.10	2.10
	幅	m	1.60	1.60
	面積 A_{door1}	m²	3.36	3.36
階段室への扉	高さ	m	2.10	2.10
	幅	m	0.80	0.80
	面積 A_{door2}	m²	1.68	1.68
ELV扉	高さ	m	2.10	2.10
	幅	m	1.00	1.00
	面積 A_{elv}	m²	2.10	2.10
隙間量 (流量係数 α を含む)	床周り $\alpha_{floor} \times A_{floor}$	m²	0.020	0.020
	壁周り $\alpha_{wall} \times A_{wall}$	m²	0.022	0.022
	防火扉周り $\Sigma(\alpha_{door} \times A_{door})$	m²	0.050	0.050
	ELV扉周り $\alpha_{elv} \times A_{elv}$	m²	0.021	0.021
	隙間合計 $A_{leak} = \Sigma \alpha A$	m²	0.113	0.113
遮煙開口部の想定開口面積(流量係数を含む)	$\alpha \times 0.4 \times H$	m²	0.588	0.588
ハ(1) 遮煙開口部における必要排出風速 ($2.7\sqrt{H}$、$3.3\sqrt{H}$、$3.8\sqrt{H}$) V		m/s	3.91	3.91
	割増率	%	10	10
遮煙開口部における排出風速(設計値)	V^*	m/s	4.30	4.30
判定	$V<V^*$ か		OK	OK
加圧供給風量	Q	m³/h	12,019	12,019
隣接室の排煙風量 ($3600 \times V_e$)		m³/h	0	0
ロ(5) 空気逃し口の必要面積(負の時は0)	$VH = V^* \times H$		9.04	9.04
	V_e	m³/s	0.00	0.00
	$A_p = (VH - V_e)/7$	m²	1.29	1.29
	流量係数 α_{p-real}	(−)	0.50	0.50
	$A_{p-real} = A_p \times 0.7/\alpha_{p-real}$	m²	1.81	1.81
	割増率	%	10	10
空気逃し口面積(設計値)	A_p^*	m²	1.90	1.90
判定	$A_{p-real} \leqq A_p^*$ か		OK	OK
ハ(2)(i) 圧力調整装置の必要開口面積	$A_{dmp} = 0.04VH$	m²	0.36	0.36
	流量係数 $\alpha_{dmp-real}$	(−)	0.60	0.60
	$A_{dmp-real} = A_{dmp} \times 0.7/\alpha_{dmp-real}$	m²	0.42	0.42
	割増率	%	10	10
圧力調整装置の面積(設計値)	A_{dmp}^*	m²	0.46	0.46
判定	$A_{dmp-real} \leqq A_{dmp}^*$ か		OK	OK
告示の規定値を満たしているか？			OK	OK

参考

圧力調整装置(差圧ダンパー)設計作動圧	開放 P_o	Pa	40	40
	閉鎖 P_c	Pa	20	20
扉閉鎖時の差圧 $P_1 = (Q/3600/(\Sigma \alpha A + \alpha_{dmp-real} \times A_{dmp}^*))^2 \times 1.2/2$		Pa	44	44
扉開放時の差圧	$P_2 = V^{*2} \times 1.2/2$	Pa	11	11
判定	$P_2 < P_c < P_o < P_1$ か		OK	OK

第4章 加圧防排煙方式に関するQ&A

1	【設置】 加圧防排煙方式以外の排煙方式の混用	該当 条項	昭44建告第1728号（H21.9.15改正）
			第2第四号

【質問】
　同一階の全ての付室を加圧防排煙方式としなければいけないのか。

【回答】
　同一階に複数の付室がある場合、一つの付室を加圧防排煙とし、他の付室を機械排煙や排煙窓等とすることは可能です。しかし、計画によっては、加圧していない付室に煙が流れ込む危険等があります。当該階や建築物全体の安全性を十分に検討した上で、煙制御方式を選定することを推奨します。

本文参照：1．3節

2	【給気口】 給気口の設置位置と風速	該当 条項	昭44建告第1728号（H21.9.15改正）
			第2第四号イ

【質問】
　付室の給気口の設置位置や吹出風速に基準はあるのか。

【回答】
　加圧給気口の設置位置や吹出風速には特に基準はありません。
　ただし、遮煙開口部に動圧をかけると、その影響で隣接室から付室に向かって逆向きの気流が生じるおそれがあるため、可能な限り遮煙開口部に動圧が掛からないように、特に開口下部に動圧が掛からないように注意する必要があります。
　また、吹出風速は、避難者の通行障害や付室内の圧力分布が著しく乱されない程度としてください。

本文参照：2．4．1節、3．1．6節

3	【給気風道等】 給気風道の仕様	該当条項	昭44建告第1728号（H21.9.15改正）
			第2第四号イ(1)

【質問】
　給気風道は一般の空調ダクトと同様の仕様でよいのか。

【回答】
　給気風道は不燃としてください。
　なお、火災に曝される危険のある部分は、昭56建告第1098号（令第115条第1項第一号から第三号までの規定を適用しないことにつき防火上支障がない煙突の基準を定める件）程度の対策を推奨します。

本文参照：2.4.1節

4	【送風機】 送風機の仕様	該当条項	昭44建告第1728号（H21.9.15改正）
			第2第四号イ(5)

【質問】
　給気のための送風機は一般構造のファンでよいのか。
　また、同一階にある複数の付室に1台の送風機で給気してよいのか。

【回答】
　送風機は煙に曝されないので、一般構造のものでよいです。ただし、電源等は排煙ファンと同様に対策してください。なお、煙に曝されないことを前提としており、屋外や防火区画された室に設置するなど、火災の影響が及ばないような対策を施してください。

　同一階にある複数の付室に1台の送風機で給気することも可能です。ただし、他の付室の扉の開閉状態が変化した場合等でも、遮煙開口部の風速が設計値に収まるよう、余裕をもった設計としてください。

本文参照：2.4.1節

5	【空気逃し口】 空気逃し口の設置場所	該当 条項	昭44建告第1728号（H21.9.15改正） 第2第四号ロ

【質問】
　空気逃し口を設置できる一般室の範囲はどこまでなのか。

【回答】
　特に決まりはなく隣室からみて孫部屋などにも設置可能です。
　なお、付室から空気逃し口までの間の室が増えるほど、扉の開閉の影響や煙が拡散するおそれが増すため、付室からみて最初の出火の恐れのある室、若しくはそれより手前の室に空気逃し口を設けることを推奨します。

（推奨できない例）
煙を奥の室に拡散させる恐れがある。
付室　隣接室　火災室一般室　居室一般室

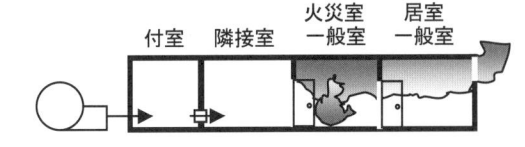

（推奨例）
煙を奥の室に封じる狙いのシステム。
付室　隣接室　通路等一般室　火災室一般室

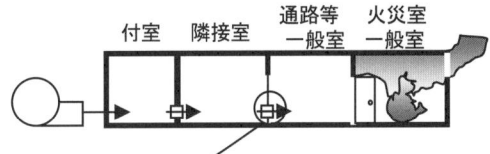

扉開閉障害防止のために、リークダンパー等を設置することを推奨。

本文参照：2.4.2節

6	【空気逃し口】 空気逃し口の統合	該当 条項	昭44建告第1728号（H21.9.15改正） 第2第四号ロ

【質問】
　対象となる付室が2以上ある場合、空気逃し口を統合して良いのか。
　その場合、空気逃し口の必要開口面積はどのように考えれば良いのか。

【回答】
　空気逃し口の統合は可能です。
　その場合の空気逃し口の必要開口面積は、両付室の必要開口面積の和となります。（3.2節のケーススタディ参照）

本文参照：3.2節

第4章 加圧防排煙方式に関するQ&A

| 7 | 【空気逃し口】空気逃し口と自然排煙口の兼用 | 該当条項 | 昭44建告第1728号（H21.9.15改正）
第2第四号ロ(1) |

【質問】
空気逃し口を自然排煙と兼用できるのか。
その際、加圧防排煙方式と連動して開放させるのか。

【回答】
空気逃し口と自然排煙は兼用することは可能です。
その際、空気逃し口と自然排煙の両方の規定に適合する必要があり、加圧防排煙方式との連動開放はもちろんですが、通常の自然排煙としても開放できる構造とする必要があります。

本文参照：2.4.2節

| 8 | 【空気逃し口】空気逃し口の構造 | 該当条項 | 昭44建告第1728号（H21.9.15改正）
第2第四号ロ(3)(i) |

【質問】
単独の空気逃し口の場合は常時開放でもよいのか。

【回答】
本告示第2第四号ロ(3)(i)ただし書きの規定により、他の排煙口等に接続しない場合には常時開放が可能です。

本文参照：2.4.2節

| 9 | 【空気逃し口】
空気逃し口の風道のサイズと仕様 | 該当条項 | 昭44建告第1728号（H21.9.15改正）
第2第四号ロ(5) |

【質問】

空気逃し口に風道を接続する場合、風道のサイズは圧力逃し口と同じ面積が必要なのか。また、どのような仕様とすればよいのか。

【回答】

空気逃し口を通過する風量を予測し、風道の圧力損失を評価して有効開口面積を求め、それを必要開口面積A_p以上とする必要があります。したがって、風道のサイズや開口の面積はA_pより大きくなります。

また、防火区画を貫通しない場合の風道の仕様は厚0.15（cm）以上の鉄板を2.5（cm）以上の不燃材料で被覆したものとし、防火区画を貫通する場合は令第126条の3第1項第七号の排煙風道としてください。（図2.4-4、図2.4-5参照）

本文参照：2.4.2節、3.1.4節

| 10 | 【排煙口】
排煙口の排煙風道の仕様 | 該当条項 | 昭44建告第1728号（H21.9.15改正）
第2第四号ロ(5) |

【質問】

本告示第2第四号ロ(5)のV_eに規定された令第126条の3第1項第七号に適合する排煙風道とは、どのような仕様か。

【回答】

令第126条の3第1項第七号に適合する排煙風道とは令第115条第1項第三号に定める構造（煙突仕様の耐火風道）のことです。なお、排ガス等の温度が260（℃）以上となる可能性があるため、昭56建告第1098号には該当しません。具体的には可燃材料から15（cm）以上離す、10（cm）以上の金属以外の不燃材で覆う、専用のシャフト内に風道を設置する等となります。なお、上記の仕様が必要なのは風道が防火区画を貫通する場合であり、防火区画を貫通しない場合は自然排煙の空気逃し口と同様に厚0.15（cm）以上の鉄板を2.5（cm）以上の不燃材料で被覆したものとすることも可能です。

本文参照：2.4.2節

11	【排煙口】 天井チャンバー排煙	該当条項	昭44建告第1728号（H21.9.15改正）
			第2第四号ロ(5)

【質問】

　V_eを天井チャンバー方式による機械排煙とする場合、天井チャンバー内も令第126条の3第1項第七号に適合する排煙風道とするのか。

【回答】

　天井チャンバー内で煙突仕様の耐火風道としても効果がないため、通常の排煙風道でよいです。

　ただし、防火区画を貫通した後は令第126条の3第1項第七号に適合する排煙風道とし、通常の排煙ダクトとの接続部分に防火設備（当該区画出火時に開放・他区画出火時に閉鎖のダンパー）を設けるなどして、他区画で火災が発生した場合に260（℃）を超える排ガス等が通常の排煙ダクトに侵入しないようにしてください（天井チャンバー方式以外でも、やむを得ず令第126条の3第1項第七号に適合する排煙風道と通常の排煙風道を接続する部分には防火ダンパー等を接続する必要があります。）。

本文参照：2.4.2節

12	【遮煙開口部】 給気風量の算出方法	該当条項	昭44建告第1728号（H21.9.15改正）
			第2第四号ハ(1)

【質問】

　遮煙開口部の排出風速の基準は示されているが、給気風量の算出方法が示されていない。どのように算出すればよいのか。

【回答】

給気風量は、設計者自らの方法で求めてください。
なお、参考として本マニュアルの第3章3.2.1に給気風量の算定方法を解説しています。
また、完了検査では、給気風量でなく、遮煙開口部の排出風速が検査項目となります。

本文参照：2.4.3節

13	【遮煙開口部】 遮煙開口部の高さ H	該当 条項	昭44建告第1728号（H21.9.15改正）
			第2第四号ハ(1)

【質問】
　同一の隣接室との間に複数の遮煙開口部がある場合、又は複数の隣接室との間にそれぞれ遮煙開口部がある場合、開口高さ H は、どの値とするのか。

【回答】
　遮煙開口部が複数ある場合、各々の遮煙開口部で規定の風速以上となるようにしてください。
　したがって、開口高さ H は、遮煙開口部ごとに異なった値となります。なお、完了検査の際に、複数の遮煙開口部を同時に開放する必要はありません。

本文参照：2.4.3節

14	【遮煙開口部】 遮煙開口部の高さ H	該当 条項	昭44建告第1728号（H21.9.15改正）
			第2第四号ハ(1)

【質問】
　遮煙開口部が、くぐり戸の場合や上下に分割されている場合、開口高さ H は、どの値とするのか。

【回答】
　遮煙開口部が分割して開閉可能な場合は、幅75（cm）以上、高さ180（cm）以上（消防隊の通過を想定）であれば、その部分（くぐり戸等）の開口高さを H とします。

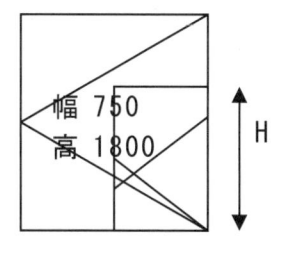

幅 750
高 1800
H

本文参照：2.4.3節

| 15 | 【圧力調整装置】
圧力調整装置の設置位置 | 該当
条項 | 昭44建告第1728号（H21.9.15改正）
第2第四号ハ(2)(i)(イ) |

【質問】
　圧力調整装置の設置面は、扉と同じ面でなくてもよいか。
　圧力調整装置を隣接室以外の室に開放するように設置することも可能か。
　圧力調整装置を遮煙開口部の扉の中に設けてもよいのか。

【回答】
　圧力調整装置は遮煙開口部と同じ面に設置しなくてもよいです。

　圧力調整装置を隣接室以外の室に開放するように設置することも可能です。ただし、隣接室以外の空気逃し口のない火災室に直接開放するような設置方法は、煙を非火災室に送り込む危険があり、避けてください。

　圧力調整装置を遮煙開口部の扉の中に設けることも可能です。

本文参照：2.4.4節

| 16 | 【圧力調整装置】
圧力調整装置の設置高さ | 該当
条項 | 昭44建告第1728号（H21.9.15改正）
第2第四号ハ(2)(i)(イ) |

【質問】
　圧力調整装置の設置位置の「天井から80（cm）を超える距離」とは、付室の天井高さか、それとも隣接室の天井高さを基準としているのか。

【回答】
　隣接室において煙を膨張させ、煙降下が早まることを避けることが目的であり、設置高さの基準は隣接室の天井高さです。

本文参照：2.4.4節

17	【圧力調整装置】 圧力調整装置のA_{dmp}	該当 条項	昭44建告第1728号（H21.9.15改正） 第2第四号ハ(2)(i)(ロ)

【質問】

A_{dmp}の開口面積は、実開口面積と考えてよいのか。

【回答】

A_{dmp}の算出過程において、すでに開口部の流量係数（0.7）が見込まれています。単純開口の場合は、実開口面積をそのままA_{dmp}としてください。また、ガラリなどが設置されており、その有効開口面積を算出できる場合は、その算出した値を有効開口面積A_{dmp}としてください。一方、形状が特殊でガラリ等の有効開口面積が算出できない場合は、製品カタログに掲載されている流量係数等を用いて、下記の式により実開口面積を求めて下さい。

$A_{dmp-real} = 0.04 \times V^* \times H \times (0.7 / \alpha_{dmp-real})$

$A_{dmp-real}$ ：圧力調整装置実開口面積(m²)
H ：遮煙開口部の開口高さ(m)
V^* ：設計扉通過風速(m/s)
$\alpha_{dmp-real}$ ：圧力調整装置の流量係数

本文参照：2.4.4節、3.1.5節

18	【圧力調整装置】 圧力調整装置のA_{dmp}	該当 条項	昭44建告第1728号（H21.9.15改正） 第2第四号ハ(2)(i)(ロ)

【質問】

A_{dmp}を算出する際のVは、本告示第2第四号ハ(1)に示すVの値を使用すればよいのか。

【回答】

A_{dmp}を算出する際のVは、実測した風速Vです。

実際にはA_{dmp}を確認申請時に決定し、完了検査ではそれに見合う風量Vであることを確認します。A_{dmp}を下限値ギリギリに設定すると、風速の調整が困難になるので注意してください。

本文参照：2.4.4節

| 19 | 【圧力調整装置】
圧力調整装置と扉の開放力 | 該当
条項 | 昭44建告第1728号（H21.9.15改正）
第2第四号ハ(2) |

【質問】
　本告示第2第四号ハ(2)(i)の圧力調整装置の開口面積と四ハ(2)(ii)扉の開放力は同時に満たす必要があるのか。また、圧力調整装置と同様の構造の装置を四ハ(2)(ii)「扉の開放力」で設計した場合は、設置位置の制限は無いのか。

【回答】
　(i)か(ii)のいずれかに適合させれば良く、同時に満足する必要はありません。上述のように、四ハ(2)(ii)「扉の開放力」で設計した場合、圧力調整装置と同様の構造でも四ハ(2)(i)の規定は適用されません。しかし、圧力調整装置の設置高さに関する規定は隣接室において煙を膨張させ、煙降下が早まることを避けることが目的であり、この場合も同様の恐れが懸念されるため、設置高さは四ハ(1)(イ)に準じること（天井から80（cm）を超える距離）を推奨します。

本文参照：2.4.4節

| 20 | 【圧力調整装置】
扉の開放力100Nのための機構 | 該当
条項 | 昭44建告第1728号（H21.9.15改正）
第2第四号ハ(2)(ii) |

【質問】
　遮煙開口部に設けられた戸の開放力≦100（N）とするために、給気ダクト又は送風機に圧力調整ダンパーを設ける方法も可能か。

【回答】
　可能です。

本文参照：2.4.4節

21	【検査方法】 完成検査の項目	該当条項	昭44建告第1728号（H21.9.15改正） 第2第四号

【質問】
完了検査時に建築主事・指定確認検査機関から求められる、測定及び監理報告事項は何か。

【回答】
主な測定及び報告項目は下記と考えられます。
・遮煙開口部の排出風速 V
・空気逃し口の開口面積 A_p
・排煙風量 V_e
・遮煙開口部の高さ H
・（圧力調整装置設置の場合）圧力調整装置の開口面積 A_{dmp}
・（扉の開放力100（N）以下とした場合）扉の開放力
実際の運用については、建築物ごとに建築主事又は指定確認検査機関に確認してください。

22	【検査方法】 排出風速 V の測定方法	該当条項	昭44建告第1728号（H21.9.15改正） 第2第四号ハ(1)

【質問】
一般に、開口部は位置によって風速が異なるが、排出風速 V とはどこの風速か。また、扉の開放距離40（cm）とはどこの値をとるのか。

【回答】
例えば、遮煙開口部を40（cm）開放した断面において、9個所を偏りなく抽出し、1点につき30秒以上計測して、9点の平均値を排出風速 V（m/s）とします。ただし、各点で逆向きとなっていないことを確認します。扉の開放距離40（cm）は扉を開けた場合の最も狭い部分の距離です。一般的には扉面から垂直線を引き、縦枠又は壁の角までの距離です。また、袖壁がある場合は、袖壁から扉角までの距離となる場合もあります。

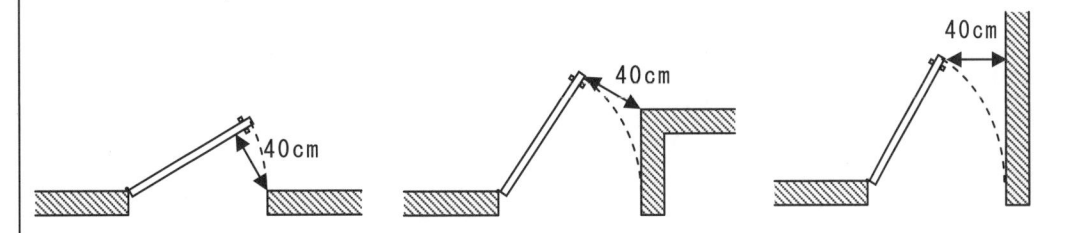

本文参照：2.4.3節

第4章　加圧防排煙方式に関するQ&A

| 23 | 【検査方法】
排出風速 V の測定方法 | 該当
条項 | 昭44建告第1728号（H21.9.15改正）
第2第四号ハ(1) |

【質問】
　付室に加圧給気した場合、開き勝手や避難状況、消防活動を考慮すると、付室－階段室間の防火扉は開いている可能性が低くないと思われるが、閉じた状態で排出風速 V を測定してよいのか。また、検査階以外の階段扉を開放した状態で排出風速 V を計測するのか。

【回答】
　加圧防排煙方式と連動して閉鎖する、又は常時閉鎖の防火設備は閉鎖した状態で排出風速 V を測定します。なお、加圧給気した状態で自然に多少開放してしまう防火設備や圧力調整装置などの開口部は多少開放した状態で計測します。検査階の階段扉が閉鎖する場合は、検査階以外の扉の影響は少ないため、検査階以外の階段扉を開放して排出風速 V を計測する必要はありません。ただし、特に影響が大きいと思われる場合は、開放して計測することを推奨します。

本文参照：2.4.3節

| 24 | 【その他】
遮煙開口部以外の扉の開閉障害 | 該当
条項 | 昭44建告第1728号（H21.9.15改正）
第2第四号 |

【質問】
　付室から複数の部屋・廊下等を経由して空気逃し口を設置する場合、ルート内にある扉の向き・引戸・自動ドア等に設置基準はあるのか。（空気の流れと逆向きの扉など）

【回答】
　設置基準はありません。避難の方向や日常の使い勝手などを考慮して決定してください。
　ただし、一般の機械排煙と同様に、完了検査において加圧防排煙方式起動時に極端な扉の開閉障害が生じる場合には指導の対象になると考えられます。扉の開閉障害が予測される場合には事前に対策を施すことを推奨します。

本文参照：3.1.6節

| 25 | 【その他】
不燃壁貫通ダクトのダンパー | 該当
条項 | 昭44建告第1728号（H21.9.15改正）
第2第四号 |

【質問】
　隣接室の壁の仕様が本告示第2第四号ハ(1)(ii)の仕様（不燃材料の壁）の場合、一般室と隣接室の防煙区画を貫通する換気、空調ダクトには、原則として防煙区画貫通部に防煙のためのダンパーを設置しなくてよいのか。

【回答】
　原則としてダンパーの設置は不要です。
　ただし、隣接室と一般室の両方に開放されるダクトの場合は、不燃の壁を小屋裏に達したものとすることと同様の理由により、ダンパーを設ける必要があります。

| 26 | 【避難安全検証】
避難安全検証での取り扱い | 該当
条項 | 昭44建告第1728号（H21.9.15改正）
第2第四号 |

【質問】
　付室に加圧防排煙方式を適用した建築物にさらに避難安全検証法（ルートB又はC）を適用することができるのか。その際、付室と非常用エレベータ乗降ロビーの煙層降下時間の算定方法はどうなるのか。

【回答】
　加圧防排煙を設置した建築物にも避難安全検証法（ルートB又はC）を適用することが可能です。ルートBでは、平12建告第1441、1442号に加圧防排煙方式の排煙量が規定されていないため、排煙量は $E=0\,(\mathrm{m^3/min})$ となります。また、圧力調整装置からの煙等発生量は常時閉鎖式防火設備と同等で $V_s=0.2A_{op}\,(\mathrm{m^3/min})$、遮煙開口部からの煙等発生量は防火設備の性能により $V_s=0.2A_{op}\,(\mathrm{m^3/min})$、又は $2A_{op}\,(\mathrm{m^3/min})$ となります。
　なお、ルートCの場合は設計者提案の手法で算定します。

27	**【消防法】** 消防法との整合性	該当条項	昭44建告第1728号（H21.9.15改正）
			第2第四号

【質問】

消防法の加圧防排煙の扱い

消防排煙として加圧防排煙システムを設置した場合、建築基準法の主旨に合った排煙性能（避難時の安全性）を確保できると考えてよいのか。

【回答】

建築基準法と消防法は別の法令であり、それぞれ独自に可否の判断を行います。異なる場合は、より厳しい基準が適用されます。3.1(4)③等に注意してください。

参考資料 1

火災時の室温と廊下温度

火災時の室温と階下温度

図1及び図2は、建設省総合技術開発プロジェクトの報告書「防・耐火性能評価技術の開発」（設備分科会報告書 1998.3）の、区画火災性状予測モデル（佐藤雅史、田中哮義、若松孝旺；火災室及び廊下の温度の簡易予測式、日本建築学会構造系論文集、No.489、1996.11）を用いて、防災計画書を基に、用途別建物について、火災時での火災室温度と廊下温度を予測した計算の結果である。

(1) 一般室（火災室）温度

　火災室温度は、火災室と外気との間の開口部の大きさAと高さHによる換気因子（$A\sqrt{H}$）と、可燃物表面積（A_{fuel}）の2つの支配因子によって決定される。下図は、これらの2つの支配因子を元に導出した「燃焼パターン支配因子 $\chi \equiv A\sqrt{H}/A_{fuel}$」と「温度」の関係を示したものである。このとき、$\chi<0.07$の領域においては、可燃物に対して開口部が不足することから「換気支配型燃焼」、$\chi>0.07$の領域においては、可燃物に対して開口部が十分であることから「燃料支配型燃焼」となる。

　火災室温度は最高1,000（℃）を超えるものもあり、換気支配型燃焼では燃焼パターン支配因子が小さくなるほど、また、燃料支配型燃焼では、燃焼パターン支配因子大きくなるほど火災室温度は低くなる傾向を示している。前述のように、このような盛期火災の時点では、加圧防排煙による効果は期待せず、活動拠点の扉を閉鎖して拠点への延焼拡大の防止を行い、消防活動は非火災階が中心となる。

　したがって、加圧防排煙時での火災室の想定温度は、盛期火災になる前の温度であるため、600（℃）程度と考えられる。しかし、これは火災室の平均温度であり、万一、遮煙開口部の直近で出火した場合などにも対応できるよう基準は800（℃）としている。

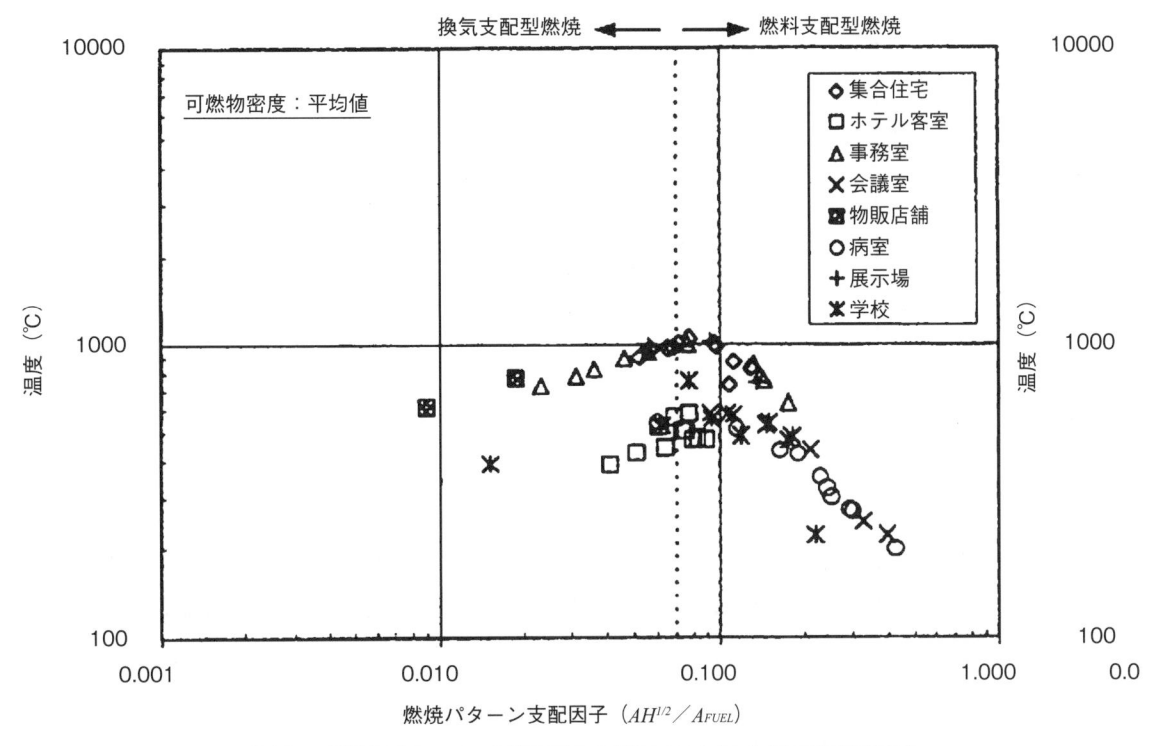

図1　燃焼パターン支配因子の違いによる火災室最高温度

(2) 廊下の区画と廊下温度

廊下温度は、隣接する火災室との間の開口部の大きさと高さによる換気因子（$A\sqrt{H}$）と、廊下の区画表面積（A_{rc}）の2つの支配因子によって決定される。下図は、これらの2つの支配因子を元に導出した「廊下の温度因子$\chi \equiv A\sqrt{H}/A_{TC}\left[\mathrm{m}^{1/2}\right]$」と「温度」の関係を示したものである。

廊下の温度因子が大きくなる（廊下と火災室間の開口部が大きくなる）と、廊下の温度は上がり、逆に小さくなると温度は下がる。このことは、廊下と火災室の間に設けられる区画性能の違いに応じて、廊下の温度が変化することを示している。

火災時の廊下温度上昇は、廊下と隣接する火災室との区画性能によって決まる。すなわち、隣接する火災室との扉が開放されたり、壁が破損していると、火災室からの火煙が流入して廊下の温度は上がり、逆に火災室との区画が保たれていれば、火災室から廊下への流入が少ないことから、廊下温度の上昇も少なくなる。

例えば、（L30（m）×D1.5（m）×H2.4（m）、A_{tc}：241（m²））の廊下を想定し、防火区画された時の廊下と火災室との間の火災時の開放部分（$A\sqrt{H}$）を、扉1枚程度（2.8（m²））のみと仮定すると、図2から温度因子は0.01であり、廊下温度は、200（℃）程度となる。また、防火区画されていない場合は、扉の開放箇所の増加と、壁の破壊が想定され、火災時の開放部分（$A\sqrt{H}$）を、扉2枚程度（5.6（m²））と同程度の壁破壊面積（5.6（m²））も仮定すると、下図から温度因子は0.04であり、廊下温度は、400（℃）程度となる。

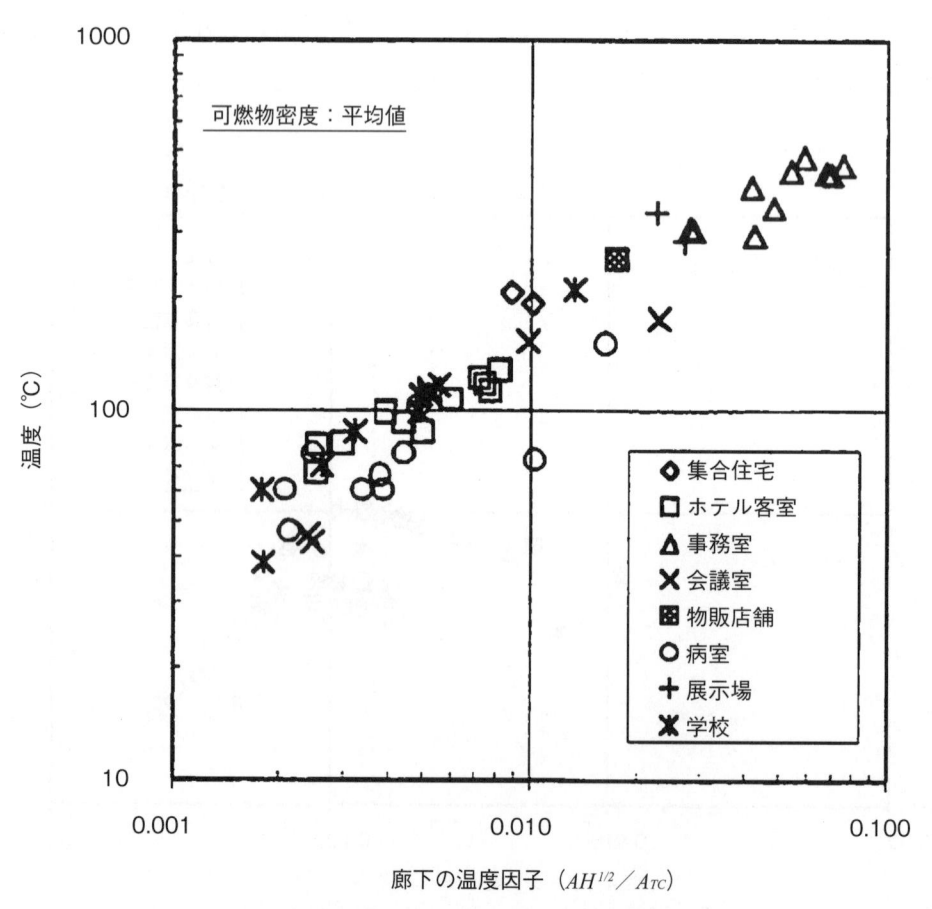

図2　廊下温度と廊下の開口因子の関係[1]

(3) 防火シャッター区画による場合の廊下温度の計算

遮煙開口部から空気が流入し、廊下内から外気へ空気が流出している状況を考える。廊下内へはシャッター表面から対流及び放射により熱が流入し、天井面及び火災室に面していない壁のみから失熱するものとする。また、廊下両端での換気はないものと仮定して、廊下の熱収支

$$(H \cdot L\gamma)\left\{h(T_{sh} - T_c) + \varepsilon\sigma(T_{sh}^4 - T_c^4)\right\} = h_k(WL + HL)(T_c - T_0) + \alpha W_d H_d C_d \rho V(T_c - T_0)$$

より、シャッター幅比率 γ と廊下温度の関係を導く。ただし、便宜上、放射による熱伝達はシャッター表面と廊下中の空気との間で行われるものとした。ここで、h はシャッター表面での対流熱伝達率、h_k は周壁の実効熱伝達率であり、V は遮煙開口部での廊下への流入風速（m/s）であり、次式で求める。

$$V = 2.7\sqrt{H_d}$$

上式は廊下温度 T_c について線形で解析的に解くことはできないので、数値計算により廊下温度を求める。

シャッター表面温度を600（℃）とした場合の、シャッター幅比率 γ と廊下温度 T_c の関係を下図に示す。対流熱伝達率 h は鉛直平板の自然対流を考え、グラスホフ数より、実効熱伝達率 h_k は McCaffery の方法により求めた。廊下は幅2.5（m）、高さ2.5（m）、長さ20（m）とし、遮煙開口部の寸法は高さ2.1（m）×幅0.4（m）とした。壁体の熱伝導率には下表（田中哮義；改訂版 建築火災安全工学入門、㈶日本建築センター）のものを用い、厚さを0.2（m）とした。

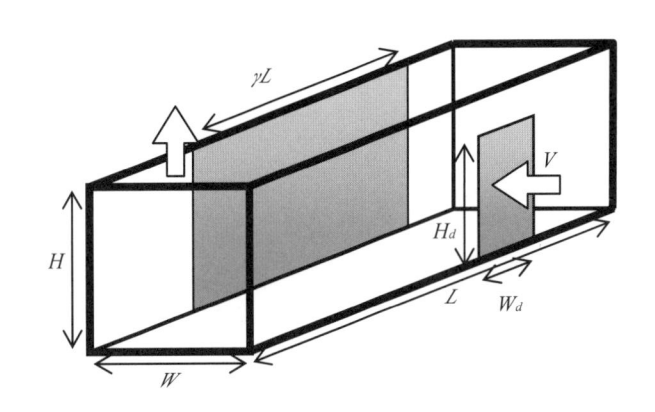

図3　計算モデル

表1　壁体の熱伝導率

普通コンクリート	1.51×10^{-3} kW/mK
軽量コンクリート	0.80×10^{-3} kW/mK
石膏ボード	0.16×10^{-3} kW/mK

参考資料1　火災時の室温と廊下温度

普通コンクリート　軽量コンクリート　石膏ボード

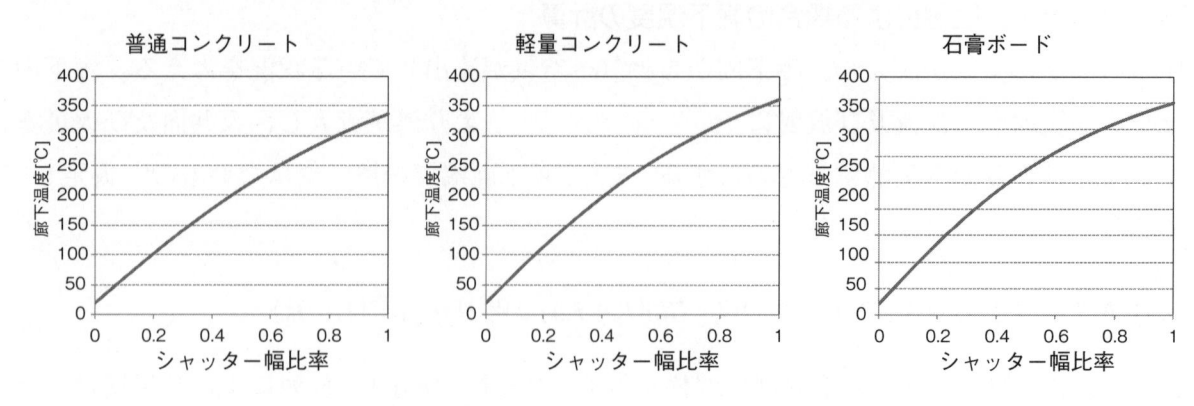

図4　壁長さに対するシャッター幅の比率

また、廊下温度が200（℃）となるシャッター幅比率は下記の通りである。また、図からも分かるとおり、本条件下においては、火災室－廊下間を全面シャッターで区画しても廊下温度は400（℃）以下となる。

表2　廊下温度が200℃となるシャッター幅比率

普通コンクリート	0.465
軽量コンクリート	0.406
石膏ボード	0.326

参考資料 2　加圧防排煙に係わる法令等

【建築基準法施行令】

- 第112条（防火区画）
- 第115条第1項第三号（建築物に設ける煙突）
- 第123条（避難階段及び特別避難階段の構造）
- 第126条の2（設置）
- 第126条の3（構造）
- 第129条の13の3第3項（非常用の昇降機の設置及び構造）

【建設省／国土交通省告示】

- 特別避難階段の付室に設ける外気に向かつて開くことのできる窓及び排煙設備の構造方法を定める件
（昭和44年5月1日建設省告示第1728号／改正告示　平成21年9月15日国土交通省告示第1007号）

- 非常用エレベーターの乗降ロビーに設ける外気に向かつて開くことのできる窓及び排煙設備の構造方法を定める件
（昭和45年12月28日建設省告示第1833号／改正告示　平成21年9月15日国土交通省告示第1008号）

- 防火区画に用いる防火設備等の構造方法を定める件
（昭和48年12月28日建設省告示第2563号）

- 防火区画に用いる遮煙性能を有する防火設備の構造方法を定める件
（昭和48年12月28日建設省告示第2564号）

- 建築基準法施行令第115条第1項第一号から第三号までの規定を適用しないことにつき防火上支障がない煙突の基準を定める件
（昭和56年6月1日建設省告示第1098号）

- 特定防火設備の構造方法を定める件
（平成12年5月25日建設省告示第1369号）

- 通常の火災時に生ずる煙を有効に排出することができる特殊な構造の排煙設備の構造方法を定める件
（平成12年5月31日建設省告示第1437号）

- 煙突の上又は周囲にたまるほこりを煙突内の廃ガスその他の生成物の熱により燃焼させない煙突の小屋裏、天井裏、床裏等にある部分の構造方法を定める件
（平成16年9月29日国土交通省告示第1168号）

【総務省令】

・排煙設備に代えて用いることができる必要とされる防火安全性能を有する消防の用に供する設備等に関する省令

（平成21年9月15日総務省令第88号）

【消防庁告示】

・加圧防排煙設備の設置及び維持に関する技術上の基準

（平成21年9月15日消防庁告示第16号）

【建築基準法施行令】

（昭和25年11月16日政令第338号）

（防火区画）
第112条

1～13（略）

14　第1項から第5項まで、第8項又は前項の規定による区画に用いる特定防火設備及び第5項、第8項、第9項又は第12項の規定による区画に用いる法第2条第九号の二ロに規定する防火設備は、次の各号に掲げる区分に応じ、それぞれ当該各号に定める構造のものとしなければならない。
　一　第1項本文、第2項若しくは第3項の規定による区画に用いる特定防火設備又は第5項の規定による区画に用いる法第2条第九号の二ロに規定する防火設備　次に掲げる要件を満たすものとして、国土交通大臣が定めた構造方法を用いるもの又は国土交通大臣の認定を受けたもの
　　イ　常時閉鎖若しくは作動をした状態にあるか、又は随時閉鎖若しくは作動をできるものであること。
　　ロ　閉鎖又は作動をするに際して、当該特定防火設備又は防火設備の周囲の人の安全を確保することができるものであること。
　　ハ　居室から地上に通ずる主たる廊下、階段その他の通路の通行の用に供する部分に設けるものにあつては、閉鎖又は作動をした状態において避難上支障がないものであること。
　　ニ　常時閉鎖又は作動をした状態にあるもの以外のものにあつては、火災により煙が発生した場合又は火災により温度が急激に上昇した場合のいずれかの場合に、自動的に閉鎖又は作動をするものであること。
　二　第1項第二号、第4項、第8項若しくは前項の規定による区画に用いる特定防火設備又は第8項、第9項若しくは第12項の規定による区画に用いる法第2条第九号の二ロに規定する防火設備　次に掲げる要件を満たすものとして、国土交通大臣が定めた構造方法を用いるもの又は国土交通大臣の認定を受けたもの
　　イ　前号イからハまでに掲げる要件を満たしているものであること。
　　ロ　避難上及び防火上支障のない遮煙性能を有し、かつ、常時閉鎖又は作動をした状態にあるもの以外のものにあつては、火災により煙が発生した場合に自動的に閉鎖又は作動をするものであること。

15、16（略）

（建築物に設ける煙突）
第115条
建築物に設ける煙突は、次に定める構造としなければならない。

一、二　（略）

三　煙突は、次のイ又はロのいずれかに適合するものとすること。
　イ　次に掲げる基準に適合するものであること。
　　(1)　煙突の小屋裏、天井裏、床裏等にある部分は、煙突の上又は周囲にたまるほこりを煙突内の廃ガスその他の生成物の熱により燃焼させないものとして国土交通大臣が定めた構造方法を用いるものとすること
　　(2)　煙突は、建築物の部分である木材その他の可燃材料から15cm以上離して設けること。ただし、厚さが10cm以上の金属以外の不燃材料で造り、又は覆う部分その他当該可燃材料を煙突内の廃ガスその他の生成物の熱により燃焼させないものとして国土交通大臣が定めた構造方法を用いる部分は、この限りでない。
　ロ　その周囲にある建築物の部分（小屋裏、天井裏、床裏等にある部分にあつては、煙突の上又は周囲にたまるほこりを含む。）を煙突内の廃ガスその他の生成物の熱により燃焼させないものとして、国土交通大臣の認定を受けたものであること。

四～七　（略）

2　（略）

（避難階段及び特別避難階段の構造）
第123条
屋内に設ける避難階段は、次に定める構造としなければならない。

一　階段室は、第四号の開口部、第五号の窓又は第六号の出入口の部分を除き、耐火構造の壁で囲むこと。

二　階段室の天井（天井のない場合にあつては、屋根。第3項第三号において同じ。）及び壁の室内に面する部分は、仕上げを不燃材料でし、かつ、その下地を不燃材料で造ること。

三　階段室には、窓その他の採光上有効な開口部又は予備電源を有する照明設備を設けること。

四　階段室の屋外に面する壁に設ける開口部（開口面積が各々1m²以内で、法第2条第九号の二ロに規定する防火設備ではめごろし戸であるものが設けられたものを除く。）は、階段室以外の当該建築物の部分に設けた開口部並びに階段室以外の当該建築物の壁及び屋根（耐火構造の壁及び屋根を除く。）から90cm以上の距離に設けること。ただし、第112条第10項ただし書に規定する場合は、この限りでない。

五　階段室の屋内に面する壁に窓を設ける場合においては、その面積は、各々1m²以内とし、

かつ、法第2条第九号の二ロに規定する防火設備ではめごろし戸であるものを設けること。
六　階段に通ずる出入口には、法第2条第九号の二ロに規定する防火設備で第112条第14項第二号に規定する構造であるものを設けること。この場合において、直接手で開くことができ、かつ、自動的に閉鎖する戸又は戸の部分は、避難の方向に開くことができるものとすること。
七　階段は、耐火構造とし、避難階まで直通すること。
2　屋外に設ける避難階段は、次に定める構造としなければならない。
一　階段は、その階段に通ずる出入口以外の開口部（開口面積が各々1m²以内で、法第2条第九号の二ロに規定する防火設備ではめごろし戸であるものが設けられたものを除く。）から2m以上の距離に設けること。
二　屋内から階段に通ずる出入口には、前項第六号の防火設備を設けること。
三　階段は、耐火構造とし、地上まで直通すること。
3　特別避難階段は、次に定める構造としなければならない。
一　屋内と階段室とは、バルコニー又は外気に向かつて開くことができる窓若しくは排煙設備（国土交通大臣が定めた構造方法を用いるものに限る。）を有する付室を通じて連絡すること。
二　階段室、バルコニー及び付室は、第五号の開口部、第七号の窓又は第九号の出入口の部分（第129条の13の3第3項に規定する非常用エレベーターの乗降ロビーの用に供するバルコニー又は付室にあつては、当該エレベーターの昇降路の出入口の部分を含む。）を除き、耐火構造の壁で囲むこと。
三　階段室及び付室の天井及び壁の室内に面する部分は、仕上げを不燃材料でし、かつ、その下地を不燃材料で造ること。
四　階段室には、付室に面する窓その他の採光上有効な開口部又は予備電源を有する照明設備を設けること。
五　階段室、バルコニー又は付室の屋外に面する壁に設ける開口部（開口面積が各々1m²以内で、法第2条第九号の二ロに規定する防火設備ではめごろし戸であるものが設けられたものを除く。）は、階段室、バルコニー又は付室以外の当該建築物の部分に設けた開口部並びに階段室、バルコニー又は付室以外の当該建築物の部分の壁及び屋根（耐火構造の壁及び屋根を除く。）から90cm以上の距離にある部分で、延焼のおそれのある部分以外の部分に設けること。ただし、第112条第10項ただし書に規定する場合は、この限りでない。
六　階段室には、バルコニー及び付室に面する部分以外に屋内に面して開口部を設けないこと。
七　階段室のバルコニー又は付室に面する部分に窓を設ける場合においては、はめごろし戸を設けること。
八　バルコニー及び付室には、階段室以外の屋内に面する壁に出入口以外の開口部を設けないこと。
九　屋内からバルコニー又は付室に通ずる出入口には第1項第六号の特定防火設備を、バルコニー又は付室から階段室に通ずる出入口には同号の防火設備を設けること。
十　階段は、耐火構造とし、避難階まで直通すること。
十一　建築物の15階以上の階又は地下3階以下の階に通ずる特別避難階段の15階以上の各階又

は地下3階以下の各階における階段室及びこれと屋内とを連絡するバルコニー又は付室の床面積（バルコニーで床面積がないものにあつては、床部分の面積）の合計は、当該階に設ける各居室の床面積に、法別表第1(い)欄(1)項又は(4)項に掲げる用途に供する居室にあつては100分の8、その他の居室にあつては100分の3を乗じたものの合計以上とすること。

（設置）
第126条の2

　法別表第1(い)欄(1)項から(4)項までに掲げる用途に供する特殊建築物で延べ面積が500m²を超えるもの、階数が3以上で延べ面積が500m²を超える建築物（建築物の高さが31m以下の部分にある居室で、床面積100m²以内ごとに、間仕切壁、天井面から50cm以上下方に突出した垂れ壁その他これらと同等以上に煙の流動を妨げる効力のあるもので不燃材料で造り、又は覆われたもの（以下「防煙壁」という。）によつて区画されたものを除く。）、第116条の2第1項第二号に該当する窓その他の開口部を有しない居室又は延べ面積が1,000m²を超える建築物の居室で、その床面積が200m²を超えるもの（建築物の高さが31m以下の部分にある居室で、床面積100m²以内ごとに防煙壁で区画されたものを除く。）には、排煙設備を設けなければならない。ただし、次の各号のいずれかに該当する建築物又は建築物の部分については、この限りでない。
一　法別表第1(い)欄(2)項に掲げる用途に供する特殊建築物のうち、準耐火構造の床若しくは壁又は法第2条第九号の二ロに規定する防火設備で区画された部分で、その床面積が100m²（共同住宅の住戸にあつては、200m²）以内のもの
二　学校、体育館、ボーリング場、スキー場、スケート場、水泳場又はスポーツの練習場（以下「学校等」という。）
三　階段の部分、昇降機の昇降路の部分（当該昇降機の乗降のための乗降ロビーの部分を含む。）その他これらに類する建築物の部分
四　機械製作工場、不燃性の物品を保管する倉庫その他これらに類する用途に供する建築物で主要構造部が不燃材料で造られたものその他これらと同等以上に火災の発生のおそれの少ない構造のもの
五　火災が発生した場合に避難上支障のある高さまで煙又はガスの降下が生じない建築物の部分として、天井の高さ、壁及び天井の仕上げに用いる材料の種類等を考慮して国土交通大臣が定めるもの

2　（略）

（構造）
第126条の3

　前条第1項の排煙設備は、次に定める構造としなければならない。
一　建築物をその床面積500m²以内ごとに、防煙壁で区画すること。
二　排煙設備の排煙口、風道その他煙に接する部分は、不燃材料で造ること。

三　排煙口は、第一号の規定により区画された部分（以下「防煙区画部分」という。）のそれぞれについて、当該防煙区画部分の各部分から排煙口の一に至る水平距離が30m以下となるように、天井又は壁の上部（天井から80cm（たけの最も短い防煙壁のたけが80cmに満たないときは、その値）以内の距離にある部分をいう。）に設け、直接外気に接する場合を除き、排煙風道に直結すること。

四　排煙口には、手動開放装置を設けること。

五　前号の手動開放装置のうち手で操作する部分は、壁に設ける場合においては床面から80cm以上1.5m以下の高さの位置に、天井から吊り下げて設ける場合においては床面からおおむね1.8mの高さの位置に設け、かつ、見やすい方法でその使用方法を表示すること。

六　排煙口には、第四号の手動開放装置若しくは煙感知器と連動する自動開放装置又は遠隔操作方式による開放装置により開放された場合を除き閉鎖状態を保持し、かつ、開放時に排煙に伴い生ずる気流により閉鎖されるおそれのない構造の戸その他これに類するものを設けること。

七　排煙風道は、第115条第1項第三号に定める構造とし、かつ、防煙壁を貫通する場合においては、当該風道と防煙壁とのすき間をモルタルその他の不燃材料で埋めること。

八　排煙口が防煙区画部分の床面積の50分の1以上の開口面積を有し、かつ、直接外気に接する場合を除き、排煙機を設けること。

九　前号の排煙機は、1の排煙口の開放に伴い自動的に作動し、かつ、1分間に、120m³以上で、かつ、防煙区画部分の床面積1m²につき1m³（二以上の防煙区画部分に係る排煙機にあつては、当該防煙区画部分のうち床面積の最大のものの床面積1m²につき2m³）以上の空気を排出する能力を有するものとすること。

十　電源を必要とする排煙設備には、予備電源を設けること。

十一　法第34条第2項に規定する建築物又は各構えの床面積の合計が1,000m²を超える地下街における排煙設備の制御及び作動状態の監視は、中央管理室において行うことができるものとすること。

十二　前各号に定めるもののほか、火災時に生ずる煙を有効に排出することができるものとして国土交通大臣が定めた構造方法を用いるものとすること。

2　前項の規定は、送風機を設けた排煙設備その他の特殊な構造の排煙設備で、通常の火災時に生ずる煙を有効に排出することができるものとして国土交通大臣が定めた構造方法を用いるものについては、適用しない。

(非常用の昇降機の設置及び構造)
第129条の13の3

1～2（略）

3　乗降ロビーは、次に定める構造としなければならない。

参考資料2　加圧防排煙に係わる法令等

一　各階（屋内と連絡する乗降ロビーを設けることが構造上著しく困難である階で次のイからホまでのいずれかに該当するもの及び避難階を除く。）において屋内と連絡すること。
　イ　当該階及びその直上階（当該階が、地階である場合にあつては当該階及びその直下階、最上階又は地階の最下階である場合にあつては当該階）が次の(1)又は(2)のいずれかに該当し、かつ、当該階の直下階（当該階が地階である場合にあつては、その直上階）において乗降ロビーが設けられている階
　　(1)　階段室、昇降機その他の建築設備の機械室その他これらに類する用途に供する階
　　(2)　その主要構造部が不燃材料で造られた建築物その他これと同等以上に火災の発生のおそれの少ない構造の建築物の階で、機械製作工場、不燃性の物品を保管する倉庫その他これらに類する用途に供するもの
　ロ　当該階以上の階の床面積の合計が500m²以下の階
　ハ　避難階の直上階又は直下階
　ニ　その主要構造部が不燃材料で造られた建築物の地階（他の非常用エレベーターの乗降ロビーが設けられているものに限る。）で居室を有しないもの
　ホ　当該階の床面積に応じ、次の表に定める数の他の非常用エレベーターの乗降ロビーが屋内と連絡している階

当該階の床面積		当該階で乗降ロビーが屋内と連絡している他の非常用エレベーターの数
(1)	1,500m²以下の場合	1
(2)	1,500m²を超える場合	3,000m²以内を増すごとに(1)の数に1を加えた数

二　バルコニー又は外気に向かつて開くことができる窓若しくは排煙設備（国土交通大臣が定めた構造方法を用いるものに限る。）を設けること。

三　出入口（特別避難階段の階段室に通ずる出入口及び昇降路の出入口を除く。）には、第123条第1項第六号に規定する構造の特定防火設備を設けること。

四　窓若しくは排煙設備又は出入口を除き、耐火構造の床及び壁で囲むこと。

五　天井及び壁の室内に面する部分は、仕上げを不燃材料でし、かつ、その下地を不燃材料で造ること。

六　予備電源を有する照明設備を設けること。

七　床面積は、非常用エレベーター1基について10m²以上とすること。

八　屋内消火栓、連結送水管の放水口、非常コンセント設備等の消火設備を設置できるものとすること。

九　乗降ロビーには、見やすい方法で、積載量及び最大定員のほか、非常用エレベーターである旨、避難階における避難経路その他避難上必要な事項を明示した標識を掲示し、かつ、非常の用に供している場合においてその旨を明示することができる表示灯その他これに類するものを設けること。

4〜12　（略）

【告示】

特別避難階段の付室に設ける外気に向かつて開くことのできる窓及び排煙設備の構造方法を定める件

昭和44年5月1日建設省告示第1728号
最終改正：平成21年9月15日国土交通省告示第1007号

建築基準法施行令（昭和25年政令第338号）第123条第3項第一号の規定に基づき、特別避難階段の付室に設ける外気に向かつて開けることのできる窓及び排煙設備の構造方法を次のように定める。

第1　外気に向かつて開くことのできる窓にあつては、次に掲げる基準に適合するものとする。
　一　外気に向かつて開くことのできる窓（常時開放されている部分を含む。以下同じ。）の排煙時に煙に接する部分は、不燃材料で造ること。
　二　外気に向かつて開くことのできる窓は、付室の天井（天井のない場合においては、屋根。以下同じ。）又は壁の上部（床面からの高さが天井の高さの2分の1以上の部分をいう。）に設けること。
　三　外気に向かつて開くことのできる窓の開口面積は、2㎡以上とし、当該窓のうち常時閉鎖されている部分の開放は手動開放装置により行なうものとすること。
　四　前号の手動開放装置のうち手で操作する部分は、付室内の壁面の床面から0.8m以上1.5m以下の高さの位置に設け、かつ、見やすい方法でその使用方法を示す標識を設けること。
第2　排煙設備にあつては、次の各号に掲げる区分に応じ、当該各号に掲げる基準に適合するものとする。
　一　最上部を直接外気に開放する排煙風道による排煙設備　次に掲げる基準に適合するものとする。
　　イ　排煙設備の排煙口、排煙風道、給気口、給気風道その他排煙時に煙に接する排煙設備の部分は、不燃材料で造ること。
　　ロ　排煙口は、開口面積を4㎡以上とし、第1第二号の例により設け、かつ、排煙風道に直結すること。
　　ハ　排煙口には、第1第四号の例により手動開放装置を設けること。
　　ニ　排煙口は、ハの手動開放装置、煙感知器と連動する自動開放装置又は遠隔操作方式による開放装置により開放された場合を除き、閉鎖状態を保持し、かつ、開放時に排煙に伴い生ずる気流により閉鎖されるおそれのない構造の戸その他これに類するものを有すること。
　　ホ　排煙風道は、内部の断面積を6㎡以上とし、鉛直に設けること。
　　ヘ　給気口は、開口面積を1㎡以上とし、付室の床又は壁の下部（床面からの高さが天

井の高さの2分の1未満の部分をいう。）に設け、かつ、内部の断面積が2m²以上で直接外気に通ずる給気風道に直結すること。
　ト　電源を必要とする排煙設備には、予備電源を設けること。
　チ　電源、電気配線及び電線については、昭和45年建設省告示第1829号の規定に適合するものであること。
　リ　火災時に生ずる煙を付室から有効に排出することができるものとすること。
二　排煙機による排煙設備　次に掲げる基準に適合するものとする。
　イ　排煙口は、第1第二号の例により設け、かつ、排煙風道に直結すること。
　ロ　排煙機は、1秒間につき4m³以上の空気を排出する能力を有し、かつ、排煙口の一の開放に伴い、自動的に作動するものとすること。
　ハ　第一号イ、ハ、ニ及びヘからチまでに掲げる基準に適合すること。
　ニ　火災時に生ずる煙を付室から有効に排出することができるものとすること。
三　建築基準法施行令（昭和25年政令第338号。以下「令」という。）第126条の3第2項に規定する送風機を設けた排煙設備その他の特殊な構造の排煙設備　次に掲げる基準に適合するものとする。
　イ　平成12年建設省告示第1437号第1又は第2に掲げる基準に適合するものであること。
　ロ　火災時に生ずる煙を付室から有効に排出することができるものとすること。
四　付室を加圧するための送風機を設けた排煙設備
　次に掲げる基準に適合するものとする。
　イ　付室に設ける給気口その他の排煙設備にあつては、次に掲げる基準に適合する構造であること。
　　⑴　給気口その他の排煙設備の煙に接する部分は、不燃材料で造ること。
　　⑵　給気口は、次に掲げる基準に適合する構造であること。
　　　（ⅰ）　第1第四号の例により手動開放装置を設けること。
　　　（ⅱ）　給気風道に直結すること。
　　　（ⅲ）　開放時に給気に伴い生ずる気流により閉鎖されるおそれのない構造の戸その他これに類するものを有するものであること。
　　⑶　給気風道は、煙を屋内に取り込まない構造であること。
　　⑷　⑵の給気口には、送風機が設けられていること。
　　⑸　送風機の構造は、給気口の開放に伴い、自動的に作動するものであること。
　ロ　付室は、次の⑴から⑸までに該当する空気逃し口を設けている隣接室（付室と連絡する室のうち階段室以外の室をいう。以下同じ。）又は当該空気逃し口を設けている一般室（隣接室と連絡する室のうち付室以外の室をいう。以下同じ。）と連絡する隣接室と連絡しているものであること。
　　⑴　イ⑵の給気口の開放に伴つて開放されるものであること。
　　⑵　次の（ⅰ）又は（ⅱ）のいずれかに該当するものであること。
　　　（ⅰ）　直接外気に接するものであること。

(ⅱ) 厚さが0.15cm以上の鉄板及び厚さが2.5cm以上の金属以外の不燃材料で造られており、かつ、常時開放されている排煙風道と直結するものであること。

(3) 次の(ⅰ)及び(ⅱ)に該当する構造の戸その他これに類するものを設けること。

(ⅰ) (1)の規定により開放された場合を除き、閉鎖状態を保持すること。ただし、当該空気逃し口に直結する排煙風道が、他の排煙口その他これに類するものに直結する風道と接続しない場合は、この限りでない。

(ⅱ) 開放時に生ずる気流により閉鎖されるおそれのない構造であること。

(4) 不燃材料で造られていること。

(5) 開口面積（m²で表した面積とする。ハ(2)(ⅰ)(ロ)において同じ。）が、次の式で定める必要開口面積以上であること。ただし、必要開口面積の値が０以下となる場合は、この限りでない。

$$A_p = \frac{VH - V_e}{7}$$

この式において、A_p、V、H及びV_eは、それぞれ次の数値を表すものとする。

A_p 　必要開口面積（単位　m²）

V 　付室と隣接室を連絡する開口部（以下「遮煙開口部」という。）を通過する排出風速（単位　m/s）

H 　遮煙開口部の開口高さ（単位　m）

V_e 　当該隣接室又は一般室において当該空気逃し口からの水平距離が30m以下となるように設けられた排煙口のうち、令第126条の３第１項第七号の規定に適合する排煙風道で、かつ、開放されているものに直結する排煙口（不燃材料で造られ、かつ、付室の給気口の開放に伴い自動的に開放されるものに限る。）の排煙機（当該排煙口の開放に伴い自動的に作動するものに限る。）による排出能力（単位　m³/s）

ハ　遮煙開口部にあつては、次の(1)及び(2)に定める基準に適合する構造であること。

(1) 遮煙開口部における排出風速（m/sで表した数値とする。）が、当該遮煙開口部の開口幅を40cmとしたときに、次の(ⅰ)から(ⅲ)までに掲げる場合に応じ、それぞれ(ⅰ)から(ⅲ)までの式によって計算した必要排出風速以上であること。

(ⅰ) 隣接室が、令第115条の２の２第１項第一号に掲げる基準に適合する準耐火構造の壁（小屋裏又は天井裏に達したもので、かつ、給水管、配電管その他の管が当該壁を貫通する場合においては、当該管と当該壁とのすき間をモルタルその他の不燃材料で埋めたものに限る。）又は特定防火設備（当該特定防火設備を設ける開口部の幅の総和を当該壁の長さの４分の１以下とする場合に限る。）で区画され、かつ、令第129条の２第２項に規定する火災の発生のおそれの少ない室（以下単に「火災の発生のおそれの少ない室」という。）である場合

$$V = 2.7\sqrt{H}$$

(ⅱ) 隣接室が、平成12年建設省告示第1400号第十五号に規定する不燃材料の壁（小屋

裏又は天井裏に達したもので、かつ、給水管、配電管その他の管が当該壁を貫通する場合においては、当該管と当該壁とのすき間をモルタルその他の不燃材料で埋めたものに限る。）又は建築基準法（昭和25年法律第201号。以下「法」という。）第2条第九号の二ロに規定する防火設備で区画され、かつ、火災の発生のおそれの少ない室である場合

$V = 3.3\sqrt{H}$

(iii) （i）又は(ii)に掲げる場合以外の場合

$V = 3.8\sqrt{H}$

> （i）から(iii)までの式において、V及びHは、それぞれ次の数値を表すものとする。
> V　必要排出風速（単位　m/s）
> H　遮煙開口部の開口高さ（単位　m）

(2) 次に掲げる基準のいずれかに適合するものであること。

(i) 次の(イ)及び(ロ)に適合するものであること。

(イ) 遮煙開口部に設けられている戸の部分のうち、天井から80cmを超える距離にある部分にガラリその他の圧力調整装置が設けられていること。ただし、遮煙開口部に近接する部分（当該遮煙開口部が設けられている壁の部分のうち、天井から80cmを超える距離にある部分に限る。）に(ロ)に規定する必要開口面積以上の開口面積を有する圧力調整ダンパーその他これに類するものが設けられている場合においては、この限りでない。

(ロ) (イ)の圧力調整装置の開口部の開口面積が、次の式で定める必要開口面積以上であること。

$A_{dmp} = 0.04VH$

> この式において、A_{dmp}、V及びHは、それぞれ次の数値を表すものとする。
> A_{dmp}　必要開口面積（単位　m²）
> V　遮煙開口部を通過する排出風速（単位　m/s）
> H　遮煙開口部の開口高さ（単位　m）

(ii) 遮煙開口部に設けられた戸が、イ(4)の送風機を作動させた状態で、100N以下の力で開放することができるものであること。

ニ　第一号ト及びチに掲げる基準に適合すること。

ホ　法第34条第2項に規定する建築物における付室の排煙設備の制御及び作動状態の監視は、中央管理室において行うことができるものとすること。

ヘ　火災時に生ずる煙が付室に侵入することを有効に防止することができるものとすること。

非常用エレベーターの乗降ロビーに設ける外気に向かつて開くことのできる窓及び排煙設備の構造方法を定める件

昭和45年12月28日建設省告示第1833号

最終改正：平成21年9月15日国土交通省告示第1008号

建築基準法施行令（昭和25年政令第338号）第129条の13の3第3項第二号の規定に基づき、非常用エレベーターの乗降ロビーに設ける外気に向かつて開くことのできる窓及び排煙設備の構造方法を次のように定める。

第1　外気に向かつて開くことのできる窓にあつては、次に定める基準に適合するものとする。
　一　外気に向かつて開くことのできる窓（常時開放されている部分を含む。以下同じ。）の排煙時に煙に接する部分は、不燃材料で造ること。
　二　外気に向かつて開くことのできる窓は、乗降ロビーの天井（天井のない場合においては、屋根。以下同じ。）又は壁の上部（床面から高さが天井の高さの2分の1以上の部分をいう。）に設けること。
　三　外気に向かつて開くことのできる窓の開口面積は、2m^2（建築基準法施行令（昭和25年政令第338号。以下「令」という。）第123条第3項に規定する特別避難階段の付室の用に供する乗降ロビー（以下「付室と兼用する乗降ロビー」という。）にあつては、3m^2）以上とし、当該窓のうち常時閉鎖されている部分の開放は手動開放装置により行なうものとすること。
　四　前号の手動開放装置のうち、手で操作する部分は、乗降ロビー内の壁面の床面から0.8m以上1.5m以下の高さの位置に設け、かつ、見やすい方法でその使用方法を示す標識を設けること。
第2　排煙設備にあつては、次の各号に掲げる区分に応じ、当該各号に掲げる基準に適合するものとする。
　一　最上部を直接外気に開放する排煙風道による排煙設備　次に掲げる基準に適合するものとする。
　　イ　排煙設備の排煙口、排煙風道、給気口、給気風道その他排煙時に煙に接する排煙設備の部分は、不燃材料で造ること。
　　ロ　排煙口は、開口面積を4m^2（付室と兼用する乗降ロビーにあつては、6m^2）以上とし、第1第二号の例により設け、かつ、排煙風道に直結すること。
　　ハ　排煙口には、第1第四号の例により手動開放装置を設けること。
　　ニ　排煙口は、ハの手動開放装置、煙感知器と連動する自動開放装置又は遠隔操作方式による開放装置により開放された場合を除き、閉鎖状態を保持し、かつ、開放時に排煙に伴い生ずる気流により閉鎖されるおそれのない構造の戸その他これに類するものを有すること。

ホ　排煙風道は、内部の断面積を６m²（付室と兼用する乗降ロビーにあつては、９m²）以上とし、鉛直に設けること。
　ヘ　給気口は、開口面積を１m²（付室と兼用する乗降ロビーにあつては、1.5m²）以上とし、乗降ロビーの床又は壁の下部（床面からの高さが天井の高さの２分の１未満の部分をいう。）に設け、かつ、内部の断面積が２m²（付室と兼用する乗降ロビーにあつては、３m²）以上で直接外気に通ずる給気風道に直結すること。
　ト　電源を必要とする排煙設備には、予備電源を設けること。
　チ　電源、電気配線及び電線については、昭和45年建設省告示第1829号の規定に適合するものであること。
　リ　火災時に生ずる煙を乗降ロビーから有効に排出することができるものとすること。
二　排煙機による排煙設備　次に掲げる基準に適合するものとする。
　イ　排煙口は、第１第二号の例により設け、かつ、排煙風道に直結すること。
　ロ　排煙機は、１秒間につき４m³（付室と兼用する乗降ロビーにあつては、６m³）以上の空気を排出する能力を有し、かつ、排煙口の一の開放に伴い、自動的に作動するものとすること。
　ハ　第一号イ、ハ、ニ及びヘからチまでに掲げる基準に適合すること。
　ニ　火災時に生ずる煙を乗降ロビーから有効に排出することができるものとすること。
三　令第126条の３第２項に規定する送風機を設けた排煙設備その他の特殊な構造の排煙設備　次に掲げる基準に適合するものとする。
　イ　平成12年建設省告示第1437号第１又は第２に掲げる基準に適合するものであること。
　ロ　火災時に生ずる煙を乗降ロビーから有効に排出することができるものとすること。
四　乗降ロビーを加圧するための送風機を設けた排煙設備　次に掲げる基準に適合するものとする。
　イ　乗降ロビーに設ける給気口その他の排煙設備にあつては、次に掲げる基準に適合する構造であること。
　　(1)　給気口その他の排煙設備の煙に接する部分は、不燃材料で造ること。
　　(2)　給気口は、次に掲げる基準に適合する構造であること。
　　　(i)　第1第四号の例により手動開放装置を設けること。
　　　(ii)　給気風道に直結すること。
　　　(iii)　開放時に給気に伴い生ずる気流により閉鎖されるおそれのない構造の戸その他これに類するものを有するものであること。
　　(3)　給気風道は、煙を屋内に取り込まない構造であること。
　　(4)　(2)の給気口には、送風機が設けられていること。
　　(5)　送風機の構造は、給気口の開放に伴い、自動的に作動するものであること。
　ロ　乗降ロビーは、次の(1)から(5)までに該当する空気逃し口を設けている隣接室（乗降ロビーと連絡する室をいう。以下同じ。）又は当該空気逃し口を設けている一般室（隣接室と連絡する室のうち乗降ロビー以外の室をいう。以下同じ。）と連絡する隣接室と連

絡しているものであること。
(1) イ(2)の給気口の開放に伴つて開放されるものであること。
(2) 次の(i)又は(ii)のいずれかに該当するものであること。
　(i) 直接外気に接するものであること。
　(ii) 厚さが0.15cm以上の鉄板及び厚さが2.5cm以上の金属以外の不燃材料で造られており、かつ、常時開放されている排煙風道と直結するものであること。
(3) 次の(i)及び(ii)に該当する構造の戸その他これに類するものを設けること。
　(i) (1)の規定により開放された場合を除き、閉鎖状態を保持すること。ただし、当該空気逃し口に直結する排煙風道が、他の排煙口その他これに類するものに直結する風道と接続しない場合は、この限りでない。
　(ii) 開放時に生ずる気流により閉鎖されるおそれのない構造であること。
(4) 不燃材料で造られていること。
(5) 開口面積（m²で表した面積とする。ハ(2)(i)(ロ)において同じ。）が、次の式で定める必要開口面積以上であること。ただし、必要開口面積の値が0以下となる場合は、この限りでない。

$$A_p = \frac{VH - V_e}{7}$$

この式において、A_p、V、H及びV_eは、それぞれ次の数値を表すものとする。
　A_p　必要開口面積（単位　m²）
　V　乗降ロビーと隣接室を連絡する開口部（以下「遮煙開口部」という。）を通過する排出風速（単位　m/s）
　H　遮煙開口部の開口高さ（単位　m）
　V_e　当該隣接室又は一般室において当該空気逃し口からの水平距離が30m以下となるように設けられた排煙口のうち、令第126条の3第1項第七号の規定に適合する排煙風道で、かつ、開放されているものに直結する排煙口（不燃材料で造られ、かつ、乗降ロビーの給気口の開放に伴い自動的に開放されるものに限る。）の排煙機（当該排煙口の開放に伴い自動的に作動するものに限る。）による排出能力（単位　m³/s）

ハ　遮煙開口部にあつては、次の(1)及び(2)に定める基準に適合する構造であること。
(1) 遮煙開口部における排出風速（m/sで表した数値とする。）が、当該遮煙開口部の開口幅を40cmとしたときに、次の(i)から(iii)までに掲げる場合に応じ、それぞれ(i)から(iii)までの式によって計算した必要排出風速以上であること。
　(i) 隣接室が、令第115条の2の2第1項第一号に掲げる基準に適合する準耐火構造の壁（小屋裏又は天井裏に達したもので、かつ、給水管、配電管その他の管が当該壁を貫通する場合においては、当該管と当該壁とのすき間をモルタルその他の不燃材料で埋めたものに限る。）又は特定防火設備（当該特定防火設備を設ける開口部の幅の総和を当該壁の長さの4分の1以下とする場合に限る。）で区画され、かつ、

令第129条の2第2項に規定する火災の発生のおそれの少ない室(以下単に「火災の発生のおそれの少ない室」という。)である場合

$$V = 2.7\sqrt{H}$$

(ii) 隣接室が、平成12年建設省告示第1400号第十五号に規定する不燃材料の壁(小屋裏又は天井裏に達したもので、かつ、給水管、配電管その他の管が当該壁を貫通する場合においては、当該管と当該壁とのすき間をモルタルその他の不燃材料で埋めたものに限る。)又は建築基準法(昭和25年法律第201号。以下「法」という。)第2条第九号の二ロに規定する防火設備で区画され、かつ、火災の発生のおそれの少ない室である場合

$$V = 3.3\sqrt{H}$$

(iii) (i)又は(ii)に掲げる場合以外の場合

$$V = 3.8\sqrt{H}$$

(i)から(iii)までの式において、V及びHは、それぞれ次の数値を表すものとする。
V 必要排出風速(単位 m/s)
H 遮煙開口部の開口高さ(単位 m)

(2) 次に掲げる基準のいずれかに適合するものであること。
(i) 次の(イ)及び(ロ)に適合するものであること。
(イ) 遮煙開口部に設けられている戸の部分のうち、天井から80cmを超える距離にある部分にガラリその他の圧力調整装置が設けられていること。ただし、遮煙開口部に近接する部分(当該遮煙開口部が設けられている壁の部分のうち、天井から80cmを超える距離にある部分に限る。)に(ロ)に規定する必要開口面積以上の開口面積を有する圧力調整ダンパーその他これに類するものが設けられている場合においては、この限りでない。
(ロ) (イ)の圧力調整装置の開口部の開口面積が、次の式で定める必要開口面積以上であること。

$$A_{dmp} = 0.04VH$$

この式において、A_{dmp}、V及びHは、それぞれ次の数値を表すものとする。
A_{dmp} 必要開口面積(単位 m^2)
V 遮煙開口部を通過する排出風速(単位 m/s)
H 遮煙開口部の開口高さ(単位 m)

(ii) 遮煙開口部に設けられた戸が、イ(4)の送風機を作動させた状態で、100N以下の力で開放することができるものであること。

ニ 第一号ト及びチに掲げる基準に適合すること。

ホ 法第34条第2項に規定する建築物における乗降ロビーの排煙設備の制御及び作動状態の監視は、中央管理室において行うことができるものとすること。

ヘ 火災時に生ずる煙が乗降ロビーに侵入することを有効に防止することができるものとすること。

防火区画に用いる防火設備等の構造方法を定める件

昭和48年12月28日建設省告示第2563号
最終改正：平成17年12月１日国土交通省告示第1392号

建築基準法施行令（昭和25年政令第338号）第112条第14項第一号、第129条の13の２及び第136条の２第一号の規定に基づき、防火区画に用いる防火設備等の構造方法を次のように定める。

第１　建築基準法施行令（以下「令」という。）第112条第14項第一号イからニまでに掲げる要件（ニに掲げる要件にあつては、火災により煙が発生した場合に、自動的に閉鎖又は作動をするものであることに限る。）を満たす防火設備の構造方法は、次の各号のいずれかに定めるものとする。

一　次に掲げる基準に適合する常時閉鎖状態を保持する構造の防火設備とすること。
　イ　次の(1)又は(2)のいずれかに適合するものであること。
　　(1)　面積が３m²以内の防火戸で、直接手で開くことができ、かつ、自動的に閉鎖するもの（以下「常時閉鎖式防火戸」という。）であること。
　　(2)　面積が３m²以内の防火戸で、昇降路の出入口に設けられ、かつ、人の出入りの後20秒以内に閉鎖するものであること。
　ロ　当該防火設備が開いた後に再び閉鎖するに際して、次に掲げる基準に適合するものであること。ただし、人の通行の用に供する部分以外の部分に設ける防火設備にあつては、この限りでない。
　　(1)　当該防火設備の質量（単位　kg）に当該防火設備の閉鎖時の速度（単位　m/s）の２乗を乗じて得た値が20以下となるものであること。
　　(2)　当該防火設備の質量が15kg以下であること。ただし、水平方向に閉鎖をするものであつてその閉鎖する力が150N以下であるもの又は周囲の人と接触することにより停止するもの（人との接触を検知してから停止するまでの移動距離が５cm以下であり、かつ、接触した人が当該防火設備から離れた後に再び閉鎖又は作動をする構造であるものに限る。）にあつては、この限りでない。

二　次に掲げる基準に適合する随時閉鎖することができる構造の防火設備とすること。
　イ　当該防火設備が閉鎖するに際して、前号ロ(1)及び(2)に掲げる基準に適合するものであること。ただし、人の通行の用に供する部分以外の部分に設ける防火設備にあつては、この限りでない。
　　ロ　居室から地上に通ずる主たる廊下、階段その他の通路に設けるものにあつては、当該防火設備に近接して当該通路に常時閉鎖式防火戸が設けられている場合を除き、直接手で開くことができ、かつ、自動的に閉鎖する部分を有し、その部分の幅、高さ及び下端の床面からの高さが、それぞれ、75cm以上、1.8m以上及び15cm以下である構造の防火設備とすること。

ハ　煙感知器又は熱煙複合式感知器、連動制御器、自動閉鎖装置及び予備電源を備えたものであること。
ニ　煙感知器又は熱煙複合式感知器は、次に掲げる基準に適合するものであること。
　(1)　消防法（昭和23年法律第186号）第21条の2第1項の規定による検定に合格したものであること。
　(2)　次に掲げる場所に設けるものであること。
　　(i)　防火設備からの水平距離が10m以内で、かつ、防火設備と煙感知器又は熱煙複合式感知器との間に間仕切壁等がない場所
　　(ii)　壁（天井から50cm以上下方に突出したたれ壁等を含む。）から60cm以上離れた天井等の室内に面する部分（廊下等狭い場所であるために60cm以上離すことができない場合にあつては、当該廊下等の天井等の室内に面する部分の中央の部分）
　　(iii)　次に掲げる場所以外の場所
　　　(イ)　換気口等の空気吹出口に近接する場所
　　　(ロ)　じんあい、微粉又は水蒸気が多量に滞留する場所
　　　(ハ)　腐食性ガスの発生するおそれのある場所
　　　(ニ)　厨房等正常時において煙等が滞留する場所
　　　(ホ)　排気ガスが多量に滞留する場所
　　　(ヘ)　煙が多量に流入するおそれのある場所
　　　(ト)　結露が発生する場所
ホ　連動制御器は、次に定めるものであること。
　(1)　煙感知器又は熱煙複合式感知器から信号を受けた場合に自動閉鎖装置に起動指示を与えるもので、随時、制御の監視ができるもの
　(2)　火災による熱により機能に支障をきたすおそれがなく、かつ、維持管理が容易に行えるもの
　(3)　連動制御器に用いる電気配線及び電線が、次に定めるものであるもの
　　(i)　昭和45年建設省告示第1829号第二号及び第三号に定める基準によるもの
　　(ii)　常用の電源の電気配線は、他の電気回路（電源に接続する部分及び消防法施行令（昭和36年政令第37号）第7条第3項第一号に規定する自動火災報知設備の中継器又は受信機に接続する部分を除く。）に接続しないもので、かつ、配電盤又は分電盤の階別主開閉器の電源側で分岐しているもの
ヘ　自動閉鎖装置は、次に定めるものであること。
　(1)　連動制御器から起動指示を受けた場合に防火設備を自動的に閉鎖させるもの
　(2)　自動閉鎖装置に用いる電気配線及び電線が、ホの(3)に定めるものであるもの
ト　予備電源は、昭和45年建設省告示第1829号第四号に定める基準によるものであること。

第2　令第112条第14項第一号イからニまでに掲げる要件（ニに掲げる要件にあつては、火災により温度が急激に上昇した場合に、自動的に閉鎖又は作動をするものであることに限る。）を満たす防火設備の構造方法は、次の各号のいずれかに定めるものとする。

一　第1第一号に定める構造の防火設備とすること。
二　次に掲げる基準に適合する随時閉鎖することができる構造の防火設備とすること。
　イ　第1第二号イ及びロに掲げる基準に適合すること。
　ロ　熱感知器又は熱煙複合式感知器と連動して自動的に閉鎖する構造のものにあつては、次に掲げる基準に適合すること。
　　(1)　熱感知器又は熱煙複合式感知器、連動制御器、自動閉鎖装置及び予備電源を備えたものであること。
　　(2)　熱感知器は、次に定めるものであること。
　　　(i)　消防法第21条の2第1項の規定による検定に合格した熱複合式若しくは定温式のもので特種の公称作動温度（補償式（熱複合式のもののうち多信号機能を有しないものをいう。）のものにあつては公称定温点、以下同じ。）が60度から70度までのもの（ボイラー室、厨房等最高周囲温度が50度を超える場所にあつては、当該最高周囲温度より20度高い公称作動温度のもの）
　　　(ii)　第1第二号ニ(2)(i)及び(ii)に掲げる場所に設けるもの
　　(3)　熱煙複合式感知器は、次に定めるものであること。
　　　(i)　消防法第21条の2第1項の規定による検定に合格したもののうち、定温式の性能を有するもので特種の公称作動温度が60度から70度までのもの（ボイラー室等最高周囲温度が50度を超える場所にあつては、当該最高周囲温度より20度高い公称作動温度のもの）
　　　(ii)　第1第二号ニ(2)に掲げる場所に設けられたもの
　　(4)　連動制御器、自動閉鎖装置及び予備電源は、第1第二号ホからトまでに定めるものであること。
　ハ　温度ヒューズと連動して自動的に閉鎖する構造のものにあつては、次に掲げる基準に適合すること。
　　(1)　温度ヒューズ、連動閉鎖装置及びこれらの取付部分を備えたもので、別記に規定する試験に合格したものであること。
　　(2)　温度ヒューズが、天井の室内に面する部分又は防火戸若しくは防火戸の枠の上部で熱を有効に感知できる場所において、断熱性を有する不燃材料に露出して堅固に取り付けられたものであること。
　　(3)　連動閉鎖装置の可動部部材が、腐食しにくい材料を用いたものであること。

第3　令第112条第14項第一号イ、ロ及びニに掲げる要件（ニに掲げる要件にあつては、火災により煙が発生した場合に、自動的に閉鎖又は作動をするものであることに限る。）を満たす防火設備の構造方法は、次の各号のいずれかに定めるものとする。
一　第1第一号に定める構造の防火設備とすること。
二　第1第二号イ及びハからトまでに掲げる基準に適合する随時閉鎖することができる構造の防火設備とすること。

第4　令第112条第14項第一号イ、ロ及びニに掲げる要件（ニに掲げる要件にあつては、火災に

より温度が急激に上昇した場合に、自動的に閉鎖又は作動をするものであることに限る。）を満たす防火設備の構造方法は、次の各号のいずれかに定めるものとする。

一　第1第一号に定める構造の防火設備とすること。

二　第1第二号イ並びに第2第二号ロ及びハに掲げる基準に適合する随時閉鎖することができる構造の防火設備とすること。

別記
試験方法
一　試験装置
　㈠　試験装置の構造は、別図のとおりとすること。
　㈡　ダクトは、十分な耐熱性を有し、かつ、気密な構造のものとすること。
　㈢　ヒーターは、ダクト内の循環空気を20分以内に90度まで上昇させることができるものとすること。
　㈣　送風機は、試験体取付箱内に毎秒1mの風速で送風できるものとすること。
二　試験体
　㈠　試験体（温度ヒユーズの温度の上昇に影響を与える部分を含む。）の材料及び構成は、実際のものと同一のものとし、その大きさは、幅及び高さがそれぞれ1.2mのものとすること。
　㈡　試験体は、3体とすること。
三　作動試験
　㈠　試験体は、火災時の火煙の流動状態を考慮して試験装置に取り付けるものとし、かつ、連動閉鎖装置には、実際の場合と同様の荷重を加えること。
　㈡　ダクト内の空気をバイパスを通して循環させつつ加熱し、その空気が50度（ボイラー室、厨房等に設ける温度ヒユーズにあつては、公称作動温度より10度低い温度）に達したときに、当該空気を風速毎秒1mで5分間試験体にあて、その作動の有無を試験すること。
　㈢　㈡と同様の方法でダクト内の空気を加熱し、その空気が90度（ボイラー室、厨房等に設ける温度ヒユーズにあつては、公称作動温度の125％の温度）に達したときに、当該空気を風速毎秒1mで試験体にあて、それが作動するまでの時間を測定すること。
四　判定
　試験体のすべてが、三の㈡において作動せず、かつ、三の㈢において1分以内に作動するものを合格とすること。

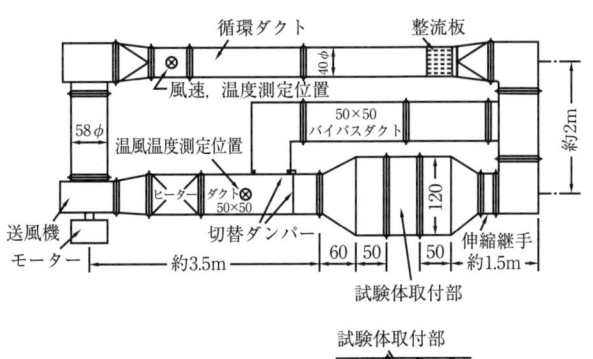

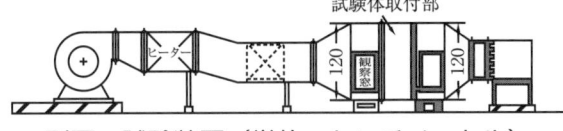

別図　試験装置（単位　センチメートル）

防火区画に用いる遮煙性能を有する防火設備の構造方法を定める件

昭和48年12月28日建設省告示第2564号
最終改正：平成13年2月1日国土交通省告示第66号

　建築基準法施行令（昭和25年政令第338号）第112条第14項第二号、第126条の2第2項及び第145条第1項第二号の規定に基づき、防火区画に用いる遮煙性能を有する防火設備の構造方法を次のように定める。

一　建築基準法施行令（以下「令」という。）第112条第14項第二号に掲げる要件を満たす防火設備又は令第145条第1項第二号に掲げる要件を満たす防火設備の構造方法は、次に定めるものとする。
　イ　昭和48年建設省告示第2563号第1に定める構造方法
　ロ　防火戸が枠又は他の防火設備と接する部分が相じやくり、又は定規縁若しくは戸当りを設けたもの等閉鎖した際にすき間が生じない構造で、かつ、防火設備の取付金物が、取付部分が閉鎖した際に露出しないように取り付けられたもの（シャッターにあつては、内のり幅が5m以下で、別記に規定する遮煙性能試験に合格したもの又はシャッターに近接する位置に網入りガラスその他建築基準法（昭和25年法律第201号）第2条第九号の二ロに規定する防火設備を固定して併設したもので、内のり幅が8m以下のものに限る。）とすること。

二　令第112条第14項第一号イ及び第二号ロに掲げる要件を満たす防火設備の構造方法は、次に定めるものとする。
　イ　昭和48年建設省告示第2563号第3に定める構造方法
　ロ　前号ロに定める構造方法

別記
遮煙性能試験方法
一　試験装置
　(一)　試験装置の構造は、別図のとおりとすること。
　(二)　試験装置は、試験体の全面に空気圧を等分布に加えることができるものとすること。
二　試験体
　試験体（ガイドレール、収納部等を含む。）の材料及び構成は、実際のものと同一のものとし、その大きさは、幅2.5m、高さ2.8mのものとすること。
三　遮煙性能試験
　(一)　試験装置に取り付けた試験体が円滑に開閉できることを確認した後、閉鎖状態にして試験を行うこと。
　(二)　試験体の両面における圧力差を1m^{2}当たり1kg、2kg及び3kgとして、各圧力差の状態においてそれぞれ3回、かつ、試験体の両面について通気量を測定すること。

(三) 試験結果は、標準状態（20度、1気圧）における単位面積・単位時間当たりの通気量に換算して表示すること。

四　判定

　圧力差が1m²当たり2kgの場合における遮煙性能試験の結果、測定値のいずれについても、毎分1m²当たり0.2m³以下であり、かつ、各圧力差における測定値と他の圧力差における測定値との間に著しい特性変化がないものを合格とすること。

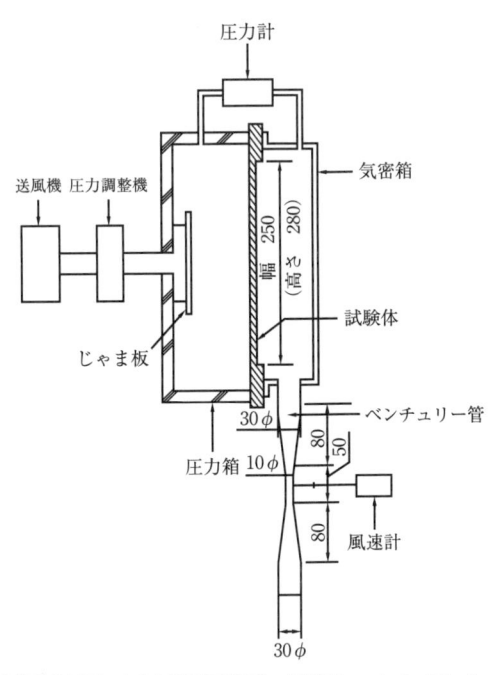

別図　試験装置（水平断面図）（単位　センチメートル）

参考資料2　加圧防排煙に係わる法令等

建築基準法施行令第115条第1項第一号から第三号までの規定を適用しないことにつき防火上支障がない煙突の基準を定める件

昭和56年6月1日建設省告示第1098号
最終改正：平成12年5月30日建設省告示第1404号

　建築基準法施行令（昭和25年政令第338号）第115条第2項の規定に基づき、同条第1項第一号から第三号までの規定を適用しないことにつき防火上支障がない基準を次のように定める。

第1　建築基準法施行令（以下「令」という。）第115条第1項第一号又は第二号の規定を適用しないことにつき防火上支障がないものとして定める基準は、次に掲げるものとする。
　一　煙突（ボイラーに設ける煙突を除く。以下同じ。）が、次のイからハまでの一に該当するものであること。
　　イ　換気上有効な換気扇その他これに類するもの（以下「換気扇等」という。）を有する火を使用する設備又は器具に設けるものであること。
　　ロ　換気扇等を有するものであること。
　　ハ　直接屋外から空気を取り入れ、かつ、廃ガスその他の生成物（以下「廃ガス等」という。）を直接屋外に排出することができる火を使用する設備又は器具に設けるものであること。
　二　廃ガス等が、火粉を含まず、かつ、廃ガス等の温度（煙道接続口（火を使用する設備又は器具がバフラーを有する場合においては、その直上部）における温度をいう。以下同じ。）が、260度以下であること。
　三　木材その他の可燃材料（以下「木材等」という。）が、次に掲げる位置にないこと。
　　イ　先端を下向きにした煙突にあつては、その排気のための開口部の各点からの水平距離が15cm以内で、かつ、垂直距離が上方30cm、下方60cm以内の位置
　　ロ　防風板等を設けて廃ガス等が煙突の全周にわたつて吹き出すものとした構造で、かつ、廃ガス等の吹き出し方向が水平平面内にある煙突にあつては、その排気のための開口部の各点からの水平距離が30cm以内で、かつ、垂直距離が上方30cm、下方15cm以内の位置
　　ハ　防風板等を設けて廃ガス等が煙突の全周にわたつて吹き出すものとした構造で、かつ、廃ガス等の吹き出し方向が鉛直平面内にある煙突にあつては、その排気のための開口部の各点からの水平距離が15cm以内で、かつ、垂直距離が上方60cm、下方15cm以内の位置
第2　令第115条第1項第三号の規定を適用しないことにつき防火上支障がないものとして定める基準は、次に掲げるものとする。
　一　廃ガス等の温度が、260度以下であること。
　二　次のイからニまでの一に該当すること。

イ　煙突が、木材等から当該煙突の半径以上離して設けられること。
　　ロ　煙道の外側に筒を設け、その筒の先端から煙道との間の空洞部に屋外の空気が有効に取り入れられるものとした構造の煙突で防火上支障がないものであること。
　　ハ　厚さが2cm以上の金属以外の不燃材料で有効に断熱された煙突の部分であること。
　　ニ　煙突の外壁等の貫通部で不燃材料で造られためがね石等を防火上支障がないように設けた部分であること。
　三　煙突の小屋裏、天井裏、床裏等にある部分は、金属以外の不燃材料で覆うこと。
第3　令第115条第1項第一号から第三号の規定を適用しないことにつき防火上支障がないものとして定める基準は、次に掲げるものとする。
　一　第1第一号に適合するものであること。
　二　廃ガス等が、火粉を含まず、かつ、廃ガス等の温度が、100度以下であること。
　三　煙突が延焼のおそれのある外壁を貫通する場合にあつては、煙突は不燃材料で造ること。ただし、外壁の開口面積が100cm^{2}以内で、かつ、外壁の開口部に鉄板、モルタル板その他これらに類する材料で造られた防火覆いを設ける場合又は地面からの高さが1m以下の開口部に網目2mm以下の金網を設ける場合にあつては、この限りでない。

特定防火設備の構造方法を定める件

平成12年5月25日建設省告示第1369号

建築基準法施行令（昭和25年政令第338号）第112条第1項の規定に基づき、特定防火設備の構造方法を次のように定める。

第1　通常の火災による火熱が加えられた場合に、加熱開始後1時間加熱面以外の面に火炎を出さない防火設備の構造方法は、次に定めるものとする。
　一　骨組を鉄製とし、両面にそれぞれ厚さが0.5mm以上の鉄板を張った防火戸とすること。
　二　鉄製で鉄板の厚さが1.5mm以上の防火戸又は防火ダンパーとすること。
　三　前二号に該当する防火設備は、周囲の部分（防火戸から内側に15cm以内の間に設けられた建具がある場合においては、その建具を含む。）が不燃材料で造られた開口部に取り付けなければならない。
　四　鉄骨コンクリート製又は鉄筋コンクリート製で厚さが3.5cm以上の戸とすること。
　五　土蔵造で厚さが15cm以上の防火戸とすること。
　六　建築基準法施行令第109条第2項に規定する防火設備とみなされる外壁、そで壁、塀その他これらに類するものにあっては、防火構造とすること。
　七　開口面積が100cm^{2}以内の換気孔に設ける鉄板、モルタル板その他これらに類する材料で造られた防火覆い又は地面からの高さが1m以下の換気孔に設ける網目2mm以下の金網とすること。
第2　第1（第六号及び第七号を除く。）に定めるもののほか、防火戸が枠又は他の防火設備と接する部分は、相じゃくりとし、又は定規縁若しくは戸当りを設ける等閉鎖した際にすき間が生じない構造とし、かつ、防火設備の取付金物は、取付部分が閉鎖した際に露出しないように取り付けなければならない。

附　則（平成12年5月25日　建設省告示第1369号）
1　この告示は、平成12年6月1日から施行する。
2　平成2年建設省告示第1125号は、廃止する。

通常の火災時に生ずる煙を有効に排出することができる特殊な構造の排煙設備の構造方法を定める件

平成12年5月31日建設省告示第1437号

建築基準法施行令（昭和25年政令第338号）第126条の3第2項の規定に基づき、通常の火災時に生ずる煙を有効に排出することができる特殊な構造の排煙設備の構造方法を次のように定める。

建築基準法施行令（以下「令」という。）第126条の3第2項に規定する通常の火災時に生ずる煙を有効に排出することができる特殊な構造の排煙設備の構造方法は、次のとおりとする。
一　各室において給気及び排煙を行う排煙設備の構造方法にあっては、次に定めるものとする。
　イ　当該排煙設備は、次に定める基準に適合する建築物の部分に設けられるものであること。
　　(1)　床面積が1,500m²以内の室（準耐火構造の壁若しくは床又は建築基準法（昭和25年法律第201号。以下「法」という。）第2条第九号の二ロに規定する防火設備で令第112条第14項第二号に規定する構造のものでその他の部分と区画されたものに限る。）であること。
　　(2)　当該排煙設備を設ける室以外の建築物の部分が令第126条の2及び令第126条の3第1項の規定に適合していること。
　ロ　次に定める基準に適合する構造の排煙口を設けること。
　　(1)　当該室の各部分から排煙口の一に至る水平距離が30m以下となること。
　　(2)　天井又は壁の上部（天井から80cm以内の距離にある部分をいう。以下同じ。）に設けること。
　　(3)　直接外気に接すること。
　　(4)　開口面積が、当該室の床面積の数値を550で除した数値以上で、かつ、当該室の床面積の数値を60で除した数値以下であること。
　ハ　次に定める基準に適合する構造の給気口を設けること。
　　(1)　当該室の壁の下部（床面からの高さが天井の高さの2分の1未満の部分をいう。以下同じ。）に設けること。
　　(2)　次に定める基準に適合する構造の風道に直結すること。
　　　(i)　屋内に面する部分を不燃材料で造ること。
　　　(ii)　風道が令第126条の2第1項に規定する防煙壁（以下単に「防煙壁」という。）を貫通する場合には、当該風道と防煙壁との隙間をモルタルその他の不燃材料で埋めること。
　　(3)　次に定める基準に適合する構造の送風機が風道を通じて設けられていること。
　　　(i)　一の排煙口の開放に伴い自動的に作動すること。
　　　(ii)　1分間に、当該室の床面積1m²につき1m³以上で、かつ、排煙口の開口面積の合計値に550を乗じた数値（単位　m³/min）以下の空気を排出することができる能力を

参考資料2　加圧防排煙に係わる法令等

　　　有するものであること。
　　ニ　令第126条の3第1項第二号、第四号から第六号まで及び第十号から第十二号までの規定に適合する構造とすること。
　二　複数の室を統合した給気及び各室ごとに排煙を行う排煙設備の構造方法にあっては、次に定めるものとする。
　　イ　当該排煙設備は、次に定める基準に適合する建築物の部分に設けられるものであること。
　　　(1)　準耐火構造の壁若しくは床又は法第2条第九号の二ロに規定する防火設備で令第112条第14項第二号に規定する構造のものでその他の部分と区画されていること。
　　　(2)　当該排煙設備を設ける建築物の部分には、準耐火構造の壁若しくは床又は法第2条第九号の二ロに規定する防火設備で令第112条第14項第二号に規定する構造のもの（ハ(2)(iii)(ロ)の規定によりガラリその他の圧力調整装置を設けた場合にあっては、法第2条第九号の二ロに規定する防火設備）で区画され、ハ(1)に定める給気口を設けた付室（以下「給気室」という。）を設け、当該給気室を通じて直通階段に通じていること。
　　　(3)　床面積500m²以内ごとに防煙壁（間仕切壁であるものに限る。）が設けられていること。
　　　(4)　当該排煙設備を設ける建築物の部分以外の部分が令第126条の2及び第126条の3第1項の規定に適合していること。
　　ロ　次に定める基準に適合する構造の排煙口を設けること。
　　　(1)　イ(2)又は(3)の規定により区画された部分（以下「防煙区画室」という。）のそれぞれについて、当該防煙区画室の各部分から排煙口の一に至る水平距離が30m以下となること。
　　　(2)　天井又は壁の上部に設けること。
　　　(3)　直接外気に接すること。
　　　(4)　開口面積が、当該排煙口に係る防煙区画室の床面積の数値を550で除した数値以上で、かつ、当該防煙区画室の床面積の数値を60で除した数値以下であること。
　　　(5)　煙感知器と連動する自動開放装置又は遠隔操作方式による開放装置により開放された場合を除き、閉鎖状態を保持し、開放時に排煙に伴い生ずる気流により閉鎖されるおそれのない構造の戸その他これに類するものが設けられていること。
　　ハ　防煙区画室の区分に応じ、それぞれ(1)又は(2)に定める構造の給気口を設けること。
　　　(1)　給気室　次に定める基準に適合する構造
　　　　(i)　前号ハ(1)及び(2)に掲げる基準
　　　　(ii)　次に定める基準に適合する構造の送風機が風道を通じて設けられていること。
　　　　　(イ)　一の排煙口の開放に伴い自動的に作動すること。
　　　　　(ロ)　1分間に、防煙区画室のうち床面積が最大のものについて、その床面積1m²につき1m³以上の空気を排出することができ、かつ、防煙区画室（給気室を除く。）のうち排煙口の開口面積の合計が最小のものの当該排煙口の開口面積の合計値に550を乗じた数値（単位　m³/min）以下の空気を排出することができる能力を有す

　　　　るものであること。
　(2)　給気室以外の室　次に定める基準に適合する構造
　　(ⅰ)　当該室の壁の下部（排煙口の高さ未満の部分に限る。）に設けられていること。
　　(ⅱ)　当該給気口から給気室に通ずる建築物の部分（以下「連絡経路」という。）が次に定める基準に適合すること。
　　　(イ)　吹抜きの部分でないこと。
　　　(ロ)　吹抜きとなっている部分、昇降機の昇降路の部分その他これらに類する部分に面する開口部（法第2条第九号の二ロに規定する防火設備で令第112条第14項第二号に規定する構造のものが設けられたものを除く。）が設けられていないこと。
　　(ⅲ)　連絡経路に開口部（排煙口を除く。）を設ける場合には、次に定める基準に適合する構造の戸を設けること。
　　　(イ)　常時閉鎖状態を保持し、直接手で開くことができ、かつ、自動的に閉鎖する構造又は煙感知器と連動する自動閉鎖装置を設けた随時閉鎖することができる構造であること。
　　　(ロ)　給気室に通ずる開口部である場合は、ガラリその他の圧力調整装置を有すること。ただし、当該防火設備に近接する部分に圧力調整ダンパーその他これに類するものが設けられている場合においては、この限りでない。
　　(ⅳ)　開口面積が、給気室の開口部（当該給気口に通ずるものに限る。）の開口面積以上であること。
ニ　令第126条の3第1項第二号及び第十号から第十二号までの規定に適合する構造とすること。

煙突の上又は周囲にたまるほこりを煙突内の廃ガスその他の生成物の熱により燃焼させない煙突の小屋裏、天井裏、床裏等にある部分の構造方法を定める件

平成16年９月29日国土交通省告示第1168号

建築基準法施行令（昭和25年政令第338号）第115条第１項第三号イ(1)の規定に基づき、煙突の上又は周囲にたまるほこりを煙突内の廃ガスその他の生成物の熱により燃焼させない煙突の小屋裏、天井裏、床裏等にある部分の構造方法を次のように定める。

建築基準法施行令第115条第１項第三号イ(1)に規定する煙突の上又は周囲にたまるほこりを煙突内の廃ガスその他の生成物の熱により燃焼させない煙突の小屋裏、天井裏、床裏等にある部分の構造方法は、次の各号のいずれかに適合するものとする。

一　不燃材料で造り、かつ、有効に断熱された構造とすること。
二　金属その他の断熱性を有しない不燃材料で造った部分（前号に掲げる基準に適合するものを除く。）にあっては、次のイ又はロに掲げる基準に適合していること。
　イ　煙道の外側に筒を設け、その筒の先端から煙道との間の空洞部に屋外の空気が有効に取り入れられる構造で防火上支障がないものとすること。
　ロ　断熱性を有する不燃材料で覆い、有効に断熱された構造とすること。

【総務省令】

排煙設備に代えて用いることができる必要とされる防火安全性能を有する消防の用に供する設備等に関する省令

平成21年9月15日総務省令第88号

　消防法施行令（昭和36年政令第37号）第29条の4第1項の規定に基づき、排煙設備に代えて用いることができる必要とされる防火安全性能を有する消防の用に供する設備等に関する省令を次のように定める。

（趣旨）
第1条　この省令は、消防法施行令（昭和36年政令第37号。以下「令」という。）第29条の4第1項の規定に基づき、排煙設備に代えて用いることができる必要とされる防火安全性能を有する消防の用に供する設備等（同項に規定するものをいう。次条において同じ。）に関し必要な事項を定めるものとする。

（排煙設備に代えて用いることができる加圧防排煙設備）
第2条　次の各号に適合する防火対象物又はその部分において、令第28条の規定により設置し、及び維持しなければならない排煙設備に代えて用いることができる必要とされる防火安全性能を有する消防の用に供する設備等は、加圧防排煙設備（消防隊による活動を支援するために、火災が発生した場合に生ずる煙を有効に排除し、かつ、給気により加圧することによって、当該活動の拠点となる室への煙の侵入を防ぐことのできる設備であって、排煙口、給気口、給気機等により構成されるものをいう。以下同じ。）とする。

一　令別表第一（四）項又は（十三）項イに掲げる防火対象物（同表（十三）項イに掲げる防火対象物にあっては、昇降機等の機械装置により車両を駐車させる構造のものを除く。）の地階又は無窓階で、床面積が1000m²以上のものであること。

二　主要構造部（建築基準法（昭和25年法律第201号。以下「法」という。）第2条第五号に規定する主要構造部をいう。）が、耐火構造（同条第七号に規定する耐火構造をいう。）であること。

三　吹抜きとなっている部分、階段の部分、昇降機の昇降路の部分、ダクトスペースの部分その他これらに類する部分については、当該部分とその他の部分（直接外気に開放されている廊下、バルコニーその他これらに類する部分を除く。）とが準耐火構造（法第2条第七号の二に規定する準耐火構造をいう。）の床若しくは壁又は防火設備（同条第九号の二ロに規定する防火設備をいう。）で区画されていること。

四　スプリンクラー設備、水噴霧消火設備、泡消火設備（移動式のものを除く。）、不活性ガス消火設備（移動式のものを除く。）、ハロゲン化物消火設備（移動式のものを除

く。）又は粉末消火設備（移動式のものを除く。）が令第12条、令第13条、令第14条、令第15条（第二号及び第三号を除く。）、令第16条（第三号を除く。）、令第17条（第二号を除く。）若しくは令第18条（第二号を除く。）に定める技術上の基準に従い、又は当該技術上の基準の例により設置されていること。

2　前項に定める加圧防排煙設備の設置及び維持に関する技術上の基準は、次のとおりとする。

　一　加圧防排煙設備には、手動起動装置を設けること。

　二　加圧防排煙設備の排煙口、排煙用の風道その他煙に接する部分は、煙の熱及び成分によりその機能に支障を生ずるおそれのない材料で造ること。

　三　加圧防排煙設備には、非常電源を附置すること。

3　前項に定めるもののほか、加圧防排煙設備は、消防庁長官が定める設置及び維持に関する技術上の基準に適合するものでなければならない。

【消防庁告示】

加圧防排煙設備の設置及び維持に関する技術上の基準

平成21年９月15日消防庁告示第16号

　排煙設備に代えて用いることができる必要とされる防火安全性能を有する消防の用に供する設備等に関する省令（平成21年総務省令第88号）第２条第３項の規定に基づき、加圧防排煙設備の設置及び維持に関する技術上の基準を次のとおり定める。

第１　趣旨
　　この告示は、排煙設備に代えて用いることができる必要とされる防火安全性能を有する消防の用に供する設備等に関する省令（平成21年総務省令第88号）第２条第三項に規定する加圧防排煙設備の設置及び維持に関する技術上の基準を定めるものとする。
第２　用語の意義
　　この基準において、次の各号に掲げる用語の意義は、それぞれ当該各号に定めるところによる。
　一　加圧式消火活動拠点　建築基準法施行令（昭和25年政令第338号）第123条及び第124条に規定する避難階段の階段室（当該階段が壁、床又は防火設備（建築基準法（昭和25年法律第201号）第２条第九号の二ロに規定する防火設備をいう。以下同じ。）等で区画されていない場合にあっては当該階段）と連絡する室、建築基準法施行令第123条及び第124条に規定する特別避難階段の付室その他これらに類する室で、給気により加圧し、火災によって発生する熱や煙の影響を受けないよう措置されたものをいう。
　二　隣接室　加圧式消火活動拠点と連絡する室のうち階段室以外のものをいう。
　三　遮煙開口部　加圧式消火活動拠点と隣接室を連絡する開口部をいう。
第３　設置及び維持に関する技術上の基準
　　加圧防排煙設備は、次の各号に定めるところにより設置し、及び維持するものとする。
　一　排煙口は、消防法施行規則（昭和36年自治省令第六号。以下「規則」という。）第30条第一号（イを除く。）の規定の例によるほか、次の㈠から㈢までに掲げる場所以外の場所に、間仕切壁、天井面から30cm以上下方に突出した垂れ壁その他これらと同等以上の煙の流動を妨げる効力のあるもので、不燃材料（建築基準法第２条第九号に規定する不燃材料をいう。以下同じ。）で造り、又は覆われたものによって、区画された部分（以下「防煙区画」という。）ごとに、一以上を設けること。
　　㈠　次のイからホまでに掲げる部分であって、床面積が500m²以下であるもの
　　　イ　加圧式消火活動拠点
　　　ロ　階段、廊下、通路その他これらに類する場所
　　　ハ　浴室、便所その他これらに類する場所

参考資料2　加圧防排煙に係わる法令等

　　　　　ニ　エレベーターの機械室、機械換気設備の機械室その他これらに類する室
　　　　　ホ　エレベーターの昇降路、リネンシュート、パイプダクトその他これらに類するもの
　　㈡　準耐火構造（建築基準法第2条第七号の二に規定する準耐火構造をいう。以下同じ。）の壁及び床で区画された室で、次のイからハまでに該当するもの
　　　　　イ　壁及び天井（天井のない場合にあっては、屋根）の室内に面する部分（回り縁、窓台その他これらに類する部分を除く。）の仕上げを準不燃材料（建築基準法施行令第1条第五号に規定する準不燃材料をいう。）でしたものであること。
　　　　　ロ　開口部には、防火設備である防火戸で、随時開くことができる自動閉鎖装置付きのもの、常時閉鎖状態にあるもの又は随時閉鎖することができ、かつ、煙感知器の作動と連動して閉鎖するものを設けたものであること。
　　　　　ハ　床面積が、100m²以下であること。
　　㈢　各部分から隣接する一の室（イ及びロにおいて「排煙室」という。）に設置された一の排煙口までの水平距離が30m以下である室で、次のイからハまでに該当するもの
　　　　　イ　壁（排煙室に面する部分を除く。）及び床は、準耐火構造であること。
　　　　　ロ　排煙室に面する開口部以外の開口部には、防火設備である防火戸で、随時開くことができる自動閉鎖装置付きのもの、常時閉鎖状態にあるもの又は随時閉鎖することができ、かつ、煙感知器の作動と連動して閉鎖するものを設けたものであること。
　　　　　ハ　床面積が、100m²以下であること。
二　排煙用の風道は、次に定めるところによること。
　　㈠　規則第30条第三号（ホ㈡を除く。）の規定は、排煙用の風道について準用する。この場合において、同号イ中「排煙上又は給気上」とあるのは「排煙上」と、同号ロ中「排煙機又は給気機」とあるのは「排煙機」と読み替えるものとする。
　　㈡　自動閉鎖装置を設けたダンパーを設置しないこと。ただし、自動閉鎖装置を設けたダンパーが設置されていない風道に接続された排煙口を有する防煙区画に設置された当該排煙口以外の排煙口に接続されているもの又は直接外気に接する排煙口を有する防煙区画に設置された排煙口に接続されているものにあっては、この限りでない。
三　排煙機は、規則第30条第五号の規定の例によること。
四　排煙性能は、次に定めるところによること。
　　㈠　排煙機により排煙する防煙区画にあっては、当該排煙機の排煙性能は、次の表の上欄に掲げる防煙区画の床面積の区分に応じ、同表の下欄に掲げる性能以上であること。

防煙区画の床面積	性能
250m²未満	当該防煙区画の床面積に1m³/minを乗じて得た量の空気を排出する性能
250m²以上750m²未満	250m³/minの空気を排出する性能
750m²以上	当該防煙区画の床面積に1/3 m³/minを乗じて得た量の空気を排出する性能

　　㈡　直接外気に接する排煙口から排煙する防煙区画にあっては、当該排煙口の面積の合計は、防煙区画の床面積の区分に応じ、それぞれ次に掲げる表の式によって計算した面積

以上であること。

防煙区画の床面積	面積（単位　m²）
500m²未満	$A \div 100\sqrt{H}$
500m²以上750m²未満	$5 \div \sqrt{H}$
750m²以上	$A \div 150\sqrt{H}$

この表においてA及びHは、それぞれ次の数値を表すものとする。
　A　当該防煙区画の床面積（単位　m²）
　H　排煙口の開口高さ（単位　m）

　五　加圧式消火活動拠点は、次に定めるところによること。

　　㈠　防火対象物の階ごとに、その階の各部分から一の遮煙開口部までの水平距離が50m以下となるように設けること。

　　㈡　床面積が10m²以上で、かつ、消火活動上支障のない形状であること。

　　㈢　外周のうち一の防火区画に接する部分の長さが当該外周の長さの2分の1以下であること。

　　㈣　避難、通行及び運搬以外の用途に供しないこと。

　　㈤　次に適合する耐火構造（建築基準法第2条第七号に規定する耐火構造をいう。）の壁及び床で区画すること。

　　　イ　隣接室に面する壁にあっては、次の式により求めた壁の火災時予測上昇温度が100度以上とならないよう措置されていること。

$$\Delta T_W = 36 \times \Delta T_f^{\frac{3}{2}} \div \left(D^2 \times C_D\right)$$

　　　　　ΔT_W　　　は、壁の火災時予測上昇温度（単位　℃）
　　　　　D　　　　は、隣接室に面する部分の厚さ（単位　mm）
　　　　　C_D　　　は、遮熱特性係数
　　　　　ΔT_f　　　は、隣接室の区分に応じ、それぞれ次に掲げる表の式によって計算した数値（単位　℃）

隣接室の区分		上昇温度
火災の発生のおそれの少ない室（建築基準法施行令第129条の２第２項に規定する火災の発生のおそれの少ないものとして国土交通大臣が定める室をいう。以下同じ。）	準耐火構造の壁若しくは床又は建築基準法施行令第112条第1項に規定する特定防火設備である防火戸（以下「特定防火設備である防火戸」という。）で区画されたもの	$\Delta T_f = min(17 \times A_C \times \sqrt{H_C} \times (830000 \div A_{f1}) \div A_{f2},\ 830000 \div A_{f1},\ 925)$
	その他のもの	$\Delta T_f = min(830000 \div (A_{f1} + A_{f2}),\ 925)$
その他の室		$\Delta T_f = min(830000 \div (A_{f2}),\ 925)$

この表において、A_C、H_C、A_{f1}及びA_{f2}は、それぞれ次の数値を表すものとする。

A_C　隣接室と隣接室に連絡する室のうち加圧式消火活動拠点以外のもの（以下「一般室」という。）を連絡する開口部（火災時に空気の流入が想定される部分に限る。）の開口面積（単位　m²）

H_C　隣接室と一般室を連絡する開口部の高さ（単位　m）

A_{f1}　一般室の床面積（単位　m²）

A_{f2}　隣接室の床面積（単位　m²）

　ロ　遮煙開口部には、特定防火設備である防火戸で、次の式により求めた特定防火設備である防火戸の火災時予測上昇温度が百度以上とならないよう措置されたものを設けたものであること。

$$\Delta T_d = 50 \times \Delta T_f \div \left(\sum_{n=1}^{N} R_n + 50 \right)$$

　　ΔT_d　は、特定防火設備である防火戸の火災時予測上昇温度（単位　℃）

　　N　は、特定防火設備である防火戸を構成する材料の数

　　R_n　は、次の式により求める特定防火設備である防火戸を構成する材料ごとの熱抵抗

　　　$R_n = d \div \lambda$

　　　　d　は、特定防火設備である防火戸を構成する材料の厚さ（単位　m）

　　　　λ　は、特定防火設備である防火戸を構成する材料の熱伝導率（単位　kW/[m·℃]）

　　ΔT_f　は、隣接室の区分に応じ、それぞれ次に掲げる表の式によって計算した数値（単位　℃）

隣接室の区分		上昇温度
火災の発生のおそれの少ない室	準耐火構造の壁若しくは床又は特定防火設備である防火戸で区画されたもの	$\Delta T_f = min(17 \times A_C \times \sqrt{H_C} \times (830000 \div A_{f1}) \div A_{f2},$ $830000 \div A_{f1}, 925)$
	その他のもの	$\Delta T_f = min(830000 \div A_{f1} + A_{f2}), 925)$
その他の室		$\Delta T_f = min(830000 \div (A_{f2}, 925)$

この表においてA_C、H_C、A_{f1}及びA_{f2}は、それぞれ次の数値を表すものとする。

A_C　隣接室と一般室を連絡する開口部（火災時に空気の流入が想定される部分に限る。）の開口面積（単位　m²）

H_C　隣接室と一般室を連絡する開口部の高さ（単位　m）

A_{f1}　一般室の床面積（単位　m²）

A_{f2}　隣接室の床面積（単位　m²）

　　　ハ　次の式により求めた内部における火災時予測上昇温度が10度以上とならないよう措置されていること。

　　　　$\Delta T_a = (\Delta T_W \times A_W + \Delta T_d \times A_d) \div V$

　　　　　　ΔT_a　は、加圧式消火活動拠点内部の火災時予測上昇温度（単位　℃）

　　　　　　ΔT_W　は、イにより求めた壁の火災時予測上昇温度（単位　℃）

　　　　　　A_W　　　は、隣接室に面する壁の見付面積（単位　m²）

　　　　　　ΔT_d　は、ロにより求めた特定防火設備である防火戸の火災時予測上昇温度（単位　℃）

　　　　　　A_d　　　は、隣接室に面する特定防火設備である防火戸の見付面積（単位　m²）

　　　　　　V　　　　は、給気機から給気される1分間当たりの空気の量（単位　m³/min）

　　㈥　出入口に設けられた戸を開放するための力が100Nを超えないための措置を講じること。

　　㈦　防火対象物の防災センター（規則第12条第1項第八号に規定する防災センターをいう。）、中央管理室（建築基準法施行令第20条の2第二号に規定する中央管理室をいう。）、守衛室その他これらに類する場所（常時人がいる場所に限る。以下「防災センター等」という。）と通話することができる装置を設けること。

　六　給気口は、規則第30条第二号ニの規定の例によるほか、次に定めるところによること。

　　㈠　加圧式消火活動拠点ごとに、一以上を設けること。

　　㈡　給気用の風道に接続されていること。

　七　給気用の風道は、規則第30条第三号（ホ㈠及び㈡を除く。）の規定の例によるほか、自動閉鎖装置を設けたダンパーを設置しないこと。この場合において、同号イ中「排煙上又は給気上」とあるのは「給気上」と、同号ロ中「排煙機又は給気機」とあるのは「給気機」と読み替えるものとする。

　八　給気機は、規則第30条第五号の規定の例によるほか、次に定めるところによること。

　　㈠　火災により発生した煙を取り込むおそれのない位置に設けること。

　　㈡　給気機の給気性能は、一の遮煙開口部の開口幅を40cmとした場合における当該遮煙

143

開口部の通過風速を、隣接室の区分に応じそれぞれ次に掲げる表の式によって計算した必要通過風速に維持しうる量の空気を供給する性能以上であること。

隣接室の区分		必要通過風速（単位　m/s）
火災の発生のおそれの少ない室	準耐火構造の壁若しくは床又は特定防火設備である防火戸で区画され、かつ、開口部の幅の総和が当該壁の長さの4分の1以下であるもの	$2.7\sqrt{h}$
	不燃材料で造られた壁若しくは床又は防火設備である防火戸で区画されたもの	$3.3\sqrt{h}$
	その他のもの	$3.8\sqrt{h}$
その他の室		$3.8\sqrt{h}$

この表において、hは、遮煙開口部の開口高さ（単位　m）を表すものとする。

九　空気逃し口は、次に定めるところによること。
　(一)　給気口の開放に伴い、開放するよう設けること。
　(二)　隣接室又は一般室に設けること。
　(三)　常時外気に開放されている風道（断熱、可燃物との隔離等の措置が講じられたものに限る。）に接続され、又は直接外気に接していること。
　(四)　(一)の規定により開放された場合を除き閉鎖状態を保持すること。ただし、当該空気逃し口に直結する風道が、他の排煙口その他これに類するものに直結する風道と接続しない場合にあっては、この限りでない。
　(五)　不燃材料で造られていること。
　(六)　開口面積が、次の式で求める必要開口面積以上であること。ただし、必要開口面積の値が0以下となる場合は、この限りでない。

$$A_p = (vh - V_e) \div 7$$

　A_p　は、必要開口面積（単位　m²）
　v　は、遮煙開口部の通過風速（単位　m/s）
　h　は、遮煙開口部の開口高さ（単位　m）
　V_e　は、空気逃し口の存する室に設けられた排煙口のうち、給気口の開放に伴い、自動的に開放するもので、かつ、自動閉鎖装置を設けたダンパーが設置されていない排煙用の風道に接続されるものの排煙機（当該排煙口の開放に伴い、自動的に作動するものに限る。）による排煙能力（単位　m³/s）

十　起動装置は、次に定めるところによること。
　(一)　排煙口の手動起動装置は、規則第30条第四号イの規定の例によるほか、排煙機により排煙する防煙区画にあっては、排煙口の開放に伴い、排煙機が自動的に作動するよう設けること。この場合において、同号イ(イ)中「一の防煙区画ごと」とあるのは「防災センター等及び一の防煙区画ごと」と、同号イ(ニ)中「排煙設備の起動装置」とあるのは「排煙口の手動起動装置」と読み替えるものとする。

㈡　給気口の手動起動装置は、規則第30条第四号イの規定の例によるほか、給気口の開放に伴い、給気機が自動的に作動するよう設けること。この場合において、同号イ㈤中「一の防煙区画ごと」とあるのは「防災センター等及び一の加圧式消火活動拠点ごと」と、同号イ㈠中「防煙区画」とあるのは「加圧式消火活動拠点」と、同号イ㈢中「排煙設備の起動装置」とあるのは「給気口の手動起動装置」と読み替えるものとする。

㈢　排煙口の自動起動装置を設ける場合にあっては、規則第30条第四号ロ㈤の規定の例によるほか、排煙機により排煙する防煙区画にあっては、排煙口の開放に伴い、排煙機が自動的に作動するよう設けること。この場合において、同号ロ㈤中「起動」とあるのは「排煙口が開放」と読み替えるものとする。

十一　電源は、規則第24条第三号の規定の例により設けること。

十二　非常電源は、規則第12条第1項第四号の規定の例により設けること。

十三　操作回路の配線は、規則第12条第1項第五号の規定の例により設けること。

十四　規則第12条第1項第八号の規定は、加圧防排煙設備について準用する。

十五　排煙用の風道、給気用の風道、空気逃し口に直結する風道、排煙機、給気機及び非常電源には、規則第12条第1項第九号に規定する措置を講ずること。

参考資料 3

チェックリスト

アンタゴニスト

昭和44年建設省告示第1728号を元に作成したチェックリスト

四 付室を加圧するための送風機を設けた排煙設備

次に掲げる基準に適合するものとする。

チェック　項目		チェック欄
給気口、給気風道、送風機の構造		
イ　付室に設ける給気口その他の排煙設備にあつては、次に掲げる基準に適合する構造であること。		
(1)　給気口その他の排煙設備の煙に接する部分は、不燃材料で造ること。	仕様を確認	☐
(2)　給気口は、次に掲げる基準に適合する構造であること。		
(i)　第1第四号の例により手動開放装置を設けること。	設置を確認	☐
(ii)　給気風道に直結すること。	状況を確認	☐
(iii)　開放時に給気に伴い生ずる気流により閉鎖されるおそれのない構造の戸その他これに類するものを有するものであること。	作動を確認	☐
(3)　給気風道は、煙を屋内に取り込まない構造であること。	状況を確認[注1]	☐
(4)　(2)の給気口には、送風機が設けられていること。	設置を確認	☐
(5)　送風機の構造は、給気口の開放に伴い、自動的に作動するものであること。	作動を確認	☐
注1)　外気取り入れ口が建物上部にあると、火災時に建物から排出された煙を吸い込み、加圧している室に煙を吹き出す可能性がある。したがって外気取り入れ口は、建物下部に設けるのが原則である。		
空気逃し口の構造		
ロ　付室は、次の(1)から(5)までに該当する空気逃し口を設けている隣接室（付室と連絡する室のうち階段室以外の室をいう。以下同じ。）又は当該空気逃し口を設けている一般室（隣接室と連絡する室のうち付室以外の室をいう。以下同じ。）と連絡する隣接室と連絡しているものであること。	状況を確認	☐
(1)　イ(2)の給気口の開放に伴つて開放されるものであること。	作動を確認	☐
(2)　次の(i)又は(ii)のいずれかに該当するものであること。		
(i)　直接外気に接するものであること。	状況を確認	☐
(ii)　厚さが0.15センチメートル以上の鉄板及び厚さが2.5センチメートル以上の金属以外の不燃材料で造られており、かつ、常時開放されている排煙風道と直結するものであること。	仕様を確認	☐
(3)　次の(i)及び(ii)に該当する構造の戸その他これに類するものを設けること。		

（i） (1)の規定により開放された場合を除き、閉鎖状態を保持すること。ただし、当該空気逃し口に直結する排煙風道が、他の排煙口その他これに類するものに直結する風道と接続しない場合は、この限りでない。	作動を確認 ☐
（ii） 開放時に生ずる気流により閉鎖されるおそれのない構造であること。	作動を確認 ☐
(4) 不燃材料で造られていること。	仕様を確認 ☐

空気逃し口の開口面積

(5) 開口面積（m²で表した面積とする。ハ(2)(i)(ロ)において同じ。）が、次の式で定める必要開口面積以上であること。ただし、必要開口面積の値が0以下となる場合は、この限りでない。$$A_p = \frac{VH - V_e}{7}$$この式において、A_p、V、H及びV_eは、それぞれ次の数値を表すものとする。 A_p：必要開口面積（単位 m²） V：付室と隣接室を連絡する開口部（以下「遮煙開口部」という。）を通過する排出風速（単位 m／s） H：遮煙開口部の開口高さ（単位 m） V_e：当該隣接室又は一般室において当該空気逃し口からの水平距離が以30m以下となるように設けられた排煙口のうち、令第126条の3第1項第七号の規定に適合する排煙風道で、かつ、開放されているものに直結する排煙口（不燃材料で造られ、かつ、付室の給気口の開放に伴い自動的に開放されるものに限る。）の排煙機（当該排煙口の開放に伴い自動的に作動するものに限る。）による排出能力（単位 m³／s）	状況を確認[注2] ☐

注2） A_pは流量係数を0.7とした時の開口面積。流量係数が異なる場合は、算出された値に「0.7／実際の流量係数」を掛けた面積にする必要がある。

遮煙開口部の遮煙条件

ハ　遮煙開口部にあつては、次の(1)及び(2)に定める基準に適合する構造であること。

(1) 遮煙開口部における排出風速（m／s）が、当該遮煙開口部の開口幅を40cmとしたときに、次の(i)から(iii)までに掲げる場合に応じ、それぞれ(i)から(iii)までの式によって計算した必要排出風速以上であること。

（i） 隣接室が、令第115条の2の2第1項第一号に掲げる基準に適合する準耐火構造の壁（小屋裏又は天井裏に達したもので、かつ、給水管、配電管その他の管が当該壁を貫通する場合においては、当該管と当該壁とのすき間をモルタルその他の不燃材料で埋めたものに限る。）又は特定防火設備（当該特定防火設備を設ける開口部の幅の総和を当該壁の長さの4分の1以下とする場合に限る。）で区画され、かつ、令第129条の2第2項に規定する火災の発生のおそれの少ない室（以下単に「火災の発生のおそれの少ない室」という。）である場合　$V = 2.7\sqrt{H}$	状況を確認 ☐ 風速を計測[注3] ☐

(ⅱ) 隣接室が、平成12年建設省告示第1400号第十五号に規定する不燃材料の壁（小屋裏又は天井裏に達したもので、かつ、給水管、配電管その他の管が当該壁を貫通する場合においては、当該管と当該壁とのすき間をモルタルその他の不燃材料で埋めたものに限る。）又は建築基準法（昭和25年法律第201号。以下「法」という。）第2条第九号の二ロに規定する防火設備で区画され、かつ、火災の発生のおそれの少ない室である場合
$V = 3.3\sqrt{H}$

(ⅲ) (ⅰ)又は(ⅱ)に掲げる場合以外の場合　　$V = 3.8\sqrt{H}$

(ⅰ)から(ⅲ)までの式において、V及びHは、それぞれ次の数値を表すものとする。
　V：必要排出風速（単位 m／s）
　H：遮煙開口部の開口高さ（単位 m）

注3）　第4章　Q＆A　No.22等を参照のこと。

遮煙開口部の開放障害防止

(2)　次に掲げる基準のいずれかに適合するものであること。

(ⅰ)　次の(イ)及び(ロ)に適合するものであること。

(イ)　遮煙開口部に設けられている戸の部分のうち、天井から80cmを超える距離にある部分にガラリその他の圧力調整装置が設けられていること。ただし、遮煙開口部に近接する部分（当該遮煙開口部が設けられている壁の部分のうち、天井から80cmを超える距離にある部分に限る。）に(ロ)に規定する必要開口面積以上の開口面積を有する圧力調整ダンパーその他これに類するものが設けられている場合においては、この限りでない。	状況を確認	□
(ロ)　(イ)の圧力調整装置の開口部の開口面積が、次の式で定める必要開口面積以上であること。$A_{dmp} = 0.04VH$ この式において、A_{dmp}、V及びHは、それぞれ次の数値を表すものとする。 　A_{dmp}：必要開口面積（単位　m²） 　V　　：遮煙開口部を通過する排出風速（単位　m／s） 　H　　：遮煙開口部の開口高さ（単位　m）	状況を確認[注4)、注5)]	□
(ⅱ)　遮煙開口部に設けられた戸が、イ(4)の送風機を作動させた状態で、100N以下の力で開放することができるものであること。	作動を確認	□

注4）　A_{dmp}は流量係数を0.7とした時の開口面積。流量係数が異なる場合は、算出された値に「0.7／実際の流量係数」を掛けた面積にする必要がある。
　　　流量係数を現場で測定することは通常はできないので、設計時に想定した流量係数を用いて算出された面積で確認することになる。

注5）　実際の建物では、ハ(1)で算出される風量よりも多少増量した量にするのが一般的である。その場合、ハ(1)で算出されるVでA_{dmp}を決定すると、告示が求めている性能（扉が100Nの力で開放できることを意図している）が保持できない状態になる可能性がある。
　　　したがって、Vはハ(1)で規定されるVではなく、実際のVで算出することが望ましい。
　　　条文には明示されていないが、注意すべき点である。

電源及び作動監視		
ニ　第一号ト及びチに掲げる基準に適合すること。	状況を確認[注6)、注7)]	☐
ホ　法第34条第2項に規定する建築物における乗降ロビーの排煙設備の制御及び作動状態の監視は、中央管理室において行うことができるものとすること。	作動を確認[注8)]	☐
ヘ　火災時に生ずる煙が乗降ロビーに侵入することを有効に防止することができるものとすること。	総合的に判断	☐

注6)　第一号ト：電源を必要とする排煙設備には、予備電源を設けること。
注7)　第一号チ：電源、電気配線及び電線については、昭和45年告示第1829号の規定に適合するものであること。
注8)　法第34条第2項に規定する建築物：高さ31mをこえる建築物

加圧防排煙設計マニュアル

平成23年3月25日発行　　　第1版第1刷発行

定価（本体4,000円＋税）

編　　集	加圧防排煙設計マニュアル編集委員会
監　　修	国土交通省国土技術政策総合研究所
	独立行政法人建築研究所
企　　画	財団法人日本建築センター
	〒101-8986
	東京都千代田区外神田6-1-8
	TEL：03-5816-7524　　FAX：03-5816-7546
	http://www.bcj.or.jp/
発 行 所	全国官報販売協同組合
	〒114-0012
	東京都北区田端新町1-1-14
	TEL：03-6737-1500　　FAX：03-6737-1510
	http://www.gov-book.or.jp/
表紙デザイン	Office Knock
印　　刷	中和印刷株式会社

＊乱丁、落丁本はお取りかえいたします。本書の一部あるいは全部を無断複写することは、法律で定められた場合を除き、著作権の侵害となります。

ISBN978-4-915392-89-4